乡贤文化丛书

乡贤文化丛书

名节重谈月旦评
——汝南乡贤许劭

卫绍生 廉朴 主编

卫绍生 著

中原出版传媒集团
中原传媒股份公司

大象出版社
·郑州·

图书在版编目（CIP）数据

名节重谈"月旦评"：汝南乡贤许劭／卫绍生著.—郑州：大象出版社，2018.8
（乡贤文化丛书／卫绍生，廉朴主编.第一辑）
ISBN 978-7-5347-9578-7

Ⅰ.①名… Ⅱ.①卫… Ⅲ.①许劭（150-195）—生平事迹 Ⅳ.①K825.6

中国版本图书馆 CIP 数据核字（2017）第 296223 号

乡贤文化丛书
卫绍生 廉朴 主编
MINGJIE ZHONG TAN "YUEDANPING"

名节重谈"月旦评"
——汝南乡贤许劭
卫绍生 著

出 版 人	王刘纯
总 策 划	郑强胜
责任编辑	李婧慧 毛 路
责任校对	张迎娟
装帧设计	王莉娟

出版发行	大象出版社（郑州市开元路 16 号 邮政编码 450044）
	发行科 0371-63863551 总编室 0371-65597936
网 址	www.daxiang.cn
印 刷	洛阳和众印刷有限公司
经 销	各地新华书店经销
开 本	787mm×1092mm 1/16
印 张	9
字 数	110 千字
版 次	2018 年 8 月第 1 版 2018 年 8 月第 1 次印刷
定 价	22.00 元

若发现印、装质量问题，影响阅读，请与承印厂联系调换。
印厂地址 洛阳市高新区丰华路三号
邮政编码 471003 电话 0379-64606268

总序

"乡贤",这一古老的称呼已经淡出人们的视野很久了。

党的十八大以来,乡贤重新进入人们的视野,成为人们热议的话题。中共中央、国务院2015年颁布的《关于加大改革创新力度加快农业现代化建设的若干意见》中明确指出,要"创新乡贤文化,弘扬善行义举,以乡情乡愁为纽带吸引和凝聚各方人士支持家乡建设,传承乡村文明"。在中共中央、国务院的文件里提到乡贤和乡贤文化,这应该是首次,它表明作为中国优秀传统文化重要组成部分的乡贤文化,既是传承乡村文明的重要内容,也是新时期农村文化建设的重要内容。但是,由于乡贤和乡贤文化淡出人们视线已久,在这一概念重新被提出来的时候,许多人并不明白什么是乡贤,什么是乡贤文化,更不知道如何传承和弘扬乡贤文化。鉴于此,有必要对乡贤称谓、乡贤之说的起源、乡贤对中国乡村的作用与意义、乡贤文化包含哪些内容等,作简要回答。

何谓乡贤?按照通常的解释,乡贤是指那些道德品行高尚同时又对乡村建设有过贡献的人。这里包含两个层面的意思:一是道德品行高尚,二是对家乡建设作出过贡献。但如果仅仅是道德品行高尚,满足于个人修身齐家、独善其身、洁身自好,很少关心乡里乡亲,很少对乡梓作出过贡献,那么,这样的人只能称为乡隐,而不能称为乡贤。乡贤既应是道德为人敬仰、行为堪称模范的人,更应是为家乡作出过一定贡献的人。不论是教书育人、传承文化、制定乡约、调解邻里矛盾，还是乐善好施、修桥铺路、接济乡人，举凡一切有益于乡里乡亲的事情，他们总是满腔热情，乐做善为。对乡村建设的贡献，是乡贤的必备条件。如果对家乡父老没有什么贡献可言，何以成为乡贤？看一看汉魏六朝出现的一些记述各地乡贤的著作，如《汝南先贤传》《陈留耆旧传》《襄阳耆旧记》《鲁国先贤传》《楚国先贤传》等，其中记载的各地乡贤，不仅在道德、学问、修养、名望等方面为人称颂，成为时人敬仰的楷模，而且都是对家乡作出过贡献的人。他们能入各种乡贤传，绝非浪得虚名。

乡贤之说起源于何时？乡贤很早就存在于中国的乡村，但乡贤之说却是在东汉中后期才逐渐流行起来的。东汉中后期，随着一些世家大族的崛起，各个郡国都热衷于撰写乡贤传记，表彰那些曾经为当地经济、社会、文化发展作出过贡献的贤人雅士。东汉以后，世家大族成为维持中国乡村社会稳定的重要力量，涌现出许多被后人称为乡贤的人物，他们对当时的社会，乃至对中国历史文化都产生了重要影响。作为乡村精英的乡贤，在乡村治理、乡村教育等方面可补政府治理之不足，发挥了政府无法起到的重要作用。一些人看到了乡贤对社会发展的积极作用，把所属郡国那些有影响的人物事迹记录下来，于是出现了所谓的"郡书"。唐代史学家刘知幾在谈到这类著作时说："郡书者，矜其乡贤，美其邦族，施于本国，颇得流行；置于他方，罕闻爱异。其有如常璩之详审，刘昞之该博，而能传诸不朽、见美来裔者，盖无几焉。"（刘知幾：《史通》卷十《内篇·杂述》）刘知幾是较早关注到乡贤类著作的史学家，他认为，乡贤类著作都是"矜其乡贤，美其邦族"，因而在当地比较流行，而到了其他地方，知道的人就很少了。在谈到东汉史书繁盛的原因时，刘知幾再次提到了乡贤："降及东京，作者弥众。至如名邦大都，地富才良，高门甲族，代多髦俊。邑老乡贤，竞为别录。家牒宗谱，各成私传。于是笔削所采，闻见益多。此中兴之史，所以又广于《前汉》也。"（刘知幾：《史通》卷九《内篇·烦省》）刘知幾虽然没有对乡贤作出解释，但他把"邑老乡贤"与"高门甲族"相提并论，表明他已经把"邑老乡贤"与"高门甲族"放在同一个层级上，充分肯定了"邑老乡贤"的历史地位与作用。

乡贤对中国乡村有怎样的作用与意义呢？乡贤在乡村建设中的作用是多方面的。他们不仅热衷于乡村治理和乡村教育，而且乐善好施、造福乡里。乡贤一般都是受过良好教育的人，他们是乡里有知识、有影响的人物，经济实力往往要比一般村民好一些。他们有能力也有意愿造福桑梓，所以常常在乡村建设上主动作为，只要是力所能及，他们一般不会推辞。在乡村治理方面，乡贤往往身兼管理者、参与者、协调者等多重角色，必要的时候，他们也可以发挥上情下达或下情上传的作用，成为联系乡亲和政府的桥梁与纽带。在调解邻里冲突和乡人矛盾上，他们不会以势压人，而是以理服人，注重多方协调和沟通，注重平衡各方利益。所以，在乡村治理方面，乡贤是农耕文明时期中国乡村社会稳定的重要因素。

在乡村教育方面，乡贤的作用更是不可小觑。乡贤大多是饱读诗书之人，他们深知文化知识对于人们的生存、生活、成长和发展至关重要，所以他们非常重视教育，尤其重视启蒙教育和家庭教育。他们中的许多人自觉地担负起教育自家子弟和乡里子弟的重任，有不少人开私塾，并兼任私塾先生。虽然有的人也接受一些"束脩"，但总体来说，义务教书的情况较为常见。他们是乡村的"先生"，是传授文化知识的人，是教人向善的人。在善行义举方面，乡贤更是乐善好施的代名词。他们愿意帮助别人，勇于助困济人，乐于接济生活困难的乡亲。如东汉末年颍川郡著名乡贤陈寔，道德高尚，知书达理，处事公正，待人公平，为乡里所推重。乡里发生了纠纷，人们不去求官府，而是去找陈寔，请求他明断是非。只要是陈寔评的理、判的是非曲直，人们都欣然接受，没有什么怨言，以至于乡人都说："宁为刑罚所加，不为陈君所短。"陈寔还乐善好施，遇上灾年的时候，乡亲们缺吃少穿，他就接济他们。大灾之年，陈寔的善举不仅挽救了那些一时糊涂的人,而且教化了乡党,纯洁了世风。当然,更多的乡贤是靠他们的智慧和财富造福乡里,为乡亲做好事,譬如常见的修桥铺路、接济穷困等助人为乐之事。在乡村治理结构尚不完备的中国传统社会,乡贤在文化教育、乡村治理、乡村建设等方面,都起到了政府所起不到的作用。他们是中国传统乡村超稳定结构的基石,也是推动乡村发展的动力。

对于乡贤,我们应该历史地来看,既要看到他们在乡村文化教育、乡村治理、乡村建设等方面的积极作用,也要看到他们对中国传统乡村超稳定结构的固化作用。乡村是农业社会的基础,也是各级政权的基础。但是,在中国传统社会,权力不下郡县,县级政权成为封建社会的基层政权,县令或县长通常都是七品官甚至是从七品官,县丞、县尉的级别就更低了。国家行政机构设置到县级,县以下是乡和里。乡和里的治理则借重民间力量,乡长和里长大多是由当地德高望重的长者或望族的族长担任,他们没有官位,不吃皇粮,不领俸禄,只是负责维持当地的秩序,帮助地方政府做一些诸如征收税赋、摊派徭役、管理户籍、教化民众之类的事情。但在乡村治理及文化教育等方面,乡长、里长则常常要借重乡贤的力量,因为乡贤有文化、有见识、有影响力,甚至还有财力。当乡贤与乡里管理者相向而行、勠力同心的时候,乡里就会稳定,乡村治理就比较顺畅。这个时候,乡贤的作用就得到了充分发挥。乡贤在某种意义上成了乡村治理的标杆,成为乡人敬仰和追慕的对象。但是,由于乡贤所受的教育不同,他们的理想、信念、追求也各有差异,因此,他们中的许多人不愿意与当权者同流合污,更看不惯权豪势要欺辱压榨百姓,往往是特立独行者和孤独求道者,但他们依然坚持用自己的方式服务乡里,造福百姓。如许劭主持汝南"月旦评",大力奖掖和提携汝南才俊,评点天下名士,成为汉末继郭泰之后的清议领袖。他不应朝廷征辟,谢绝高官厚禄,以"局外人"的身份品评人物,客观公正,令人信服。又如吃尽文盲苦头的武训，穷且益坚，不坠青云之志，行乞办学，创办崇贤义塾，让那些读不起书的孩子进学堂读书，更让人肃然起敬。再如晚清职业慈善家余治，一生清贫，却四处呐喊，奔走于大江南北，劝人行善，宣传忠孝节义，成立各种慈善机构，移风易俗，救济孤贫，而且创立戏班，编写剧本，以戏曲劝善，被人誉为"江南大善人"。他们以各自的方式感染着世人，固化着中国乡村的超稳定结构，使中国乡村这个自秦汉以来政府行政权力鞭长莫及之地，成为乡绅乡贤的表演舞台。在当代作家陈忠实的长篇小说《白鹿原》中，从白嘉轩、鹿子霖和冷先生等人物身上，读者依稀看到了久违的乡贤形象，所以有评论者指出，《白鹿原》就是在寻找失去的乡贤。这样的评论虽然不无偏颇，却也道出了小说的文化追求。

乡贤是乡贤文化的创造者和实践者，从他们身上，人们可以看到传统乡贤文化在乡村建设、乡村治理、文化教育、乡土认同等方面发挥的重要作用。所以，从中国古代一直到近现代，许多乡村都建有乡贤祠，用以供奉和祭奠那些为乡村建设作出贡献的乡贤们，展示各地不同的乡贤文化。

乡贤文化是由乡贤及其乡人共同创造的，是中华优秀传统文化的重要组成部分。它作为一种文化形态，对中国古代的乡村治理，对家国文化的认同，对乡村社会的维系，对农业文明的传承，对宗族文化的延续，对乡村文明的弘扬，都具有重要的文化价值。在传承发展中华优秀传统文化的当下，创新乡贤文化，就应在进一步明确乡贤文化的历史文化价值与当代意义的前提下，深入发掘乡贤文化的内在价值和积极作用。具体来讲，就是要注重发掘乡贤文化对家国认同、乡村治理、乡村教育、乡村建设、乡村文明传承等方面的深层文化内涵，通过一个个乡贤人物，阐释乡贤文化的重要价值，梳理乡贤文化的积极意义，探索乡贤文化的传承创新路径。譬如家国认同，首先是基于对家族和家乡的认同。乡贤作为当地的贤者，不仅具有很强的凝聚力，而且还常常让乡党引以为豪，人们不论处于多么遥远的地方，只要说起共有的乡贤，就会立即引起强烈的共鸣，自然而然地拉近了人们之间的情感距离，从而形成对家族和家乡的认同。从这个意义上说，乡贤是家乡认同的标志性人物，也是促进家国认同的情感纽带。

乡贤文化对传承发展乡村文明，对当代乡村文化建设，对提升文化自觉、树立文化自信，对实现中华民族伟大复兴的中国梦，都具有积极意义。在大力弘扬传承发展中华优秀传统文化的当下，挖掘乡贤文化的丰富内涵，梳理乡贤文化的历史脉络，发掘乡贤文化的价值意义，进而创新乡贤文化，建设新乡贤文化，是传承发展中华优秀传统文化的内在要求，是提升文化自觉、树立文化自信的内在要求，也是实现中华民族伟大复兴的中国梦的内在要求。

为此，我们组织编纂了这套"乡贤文化丛书"，把自东汉以来的历代乡贤进行梳理，系统展示乡贤、乡贤文化的历史风貌和文化价值，以期让广大读者对优秀传统文化中的乡贤和乡贤文化有更多的了解，对乡贤文化的历史作用和当代价值有更多的认知，共同为创新乡贤文化、建设新乡贤文化作出应有的贡献。

"乡贤文化丛书"第一辑，我们精选了10位在中国历史上有一定影响的各地乡贤，他们不论在教书育人、修身齐家，还是在乡村治理、乡村建设、慈善赈济等方面均作出了一定贡献，成为人们传颂的典范楷模。在本辑编写过程中，每位作者均对自己承担的人物有一定研究，但因作者较多，行文风格各异，难免会出现一些不尽如人意之处，不妥之处，尚祈读者批评。

卫绍生　廉　朴
2018年5月20日

目 录

汉末清议起风云 … 001
一、察举制步入末路 … 001
二、宦竖擅权塞言路 … 003
三、"党锢之祸"兴于朝 … 004
四、"处士横议"起于野 … 009
五、"许郭之评"应运生 … 012

少年许劭露头角 … 015
一、名家大族出汝南 … 015
二、许氏家族的荣光 … 018
三、平舆之渊有潜龙 … 022

褒贬人物"月旦评" … 026
一、声名远扬比郭泰 … 026
二、兄弟不睦原有因 … 030
三、是是非非"月旦评" … 032

不慕权贵拒乡党 … 038
一、鄙薄同宗拒邀请 … 039
二、游颍川不拜陈寔 … 042

001

三、不给陈仲举面子 ·················· 045
　　四、不应征辟辞杨彪 ·················· 049

奖掖乡党多善评 ························ 053
　　一、拔樊子昭于市肆 ·················· 053
　　二、举和阳士于微时 ·················· 056
　　三、奖掖乡党重德才 ·················· 059

"乱世奸雄"成定评 ····················· 063
　　一、少年曹操无品行 ·················· 063
　　二、胁迫许劭作点评 ·················· 066
　　三、乱世奸雄是与非 ·················· 068

纵是清议人亦畏 ························ 074
　　一、豪门公子袁本初 ·················· 074
　　二、顾及名望畏许劭 ·················· 077
　　三、辅佐刘繇有奇谋 ·················· 079
　　四、一方诸侯畏子将 ·················· 082

评点大佬重若轻 ························ 084
　　一、荀靖荀爽皆为玉 ·················· 084
　　二、识陶谦直透其心 ·················· 088
　　三、举重若轻赞刘晔 ·················· 090

颠沛流离死异乡 ························ 095
　　一、特立独行显异禀 ·················· 095
　　二、在故乡与洛阳间 ·················· 097

002

三、寄居广陵的尴尬 ………………………… 100
　　四、从曲阿亡命豫章 ………………………… 103

谁人身后无人说 ………………………………… 107
　　一、是是非非说许劭 ………………………… 107
　　二、后人评说"月旦评" ……………………… 110
　　三、汝颍之士有褒贬 ………………………… 115
　　四、许劭归宿在何处 ………………………… 118
　　五、淡淡远去的印痕 ………………………… 121

附录 ……………………………………………… 124

参考文献 ………………………………………… 129

许劭生活的东汉末年，正是清议之风盛行的时代。

汉末清议之风为什么能够盛行？不同的人基于不同的视角，会有不同的解释。但无论怎样，有几个问题是必须引起注意的：一是汉末社会阶层的严重固化；二是日益严重的社会腐败导致人心思乱；三是由外戚专政、宦官弄权形成的"党锢之祸"堵塞了士人的晋升之途，导致士人"不平则鸣""处士横议"。

一、察举制步入末路

汉代之前，流行的是世卿世禄制，爵位和俸禄可以世袭。世袭制的重要基础是出身和血缘，是嫡长继承。不论皇室贵胄、公卿将相，还是公、侯、伯、子、男等爵位，都可以靠世袭取得。除非违犯国家律条被褫夺继承权，否则，那些出身高贵的人，凭借其血缘关系，就可以获得相应的爵位和利益。世袭制的结果是社会阶层严重固化，阻碍了人才的晋升之路。汉高祖刘邦建立西汉政权之后，深知人才对治理国家的重要性，曾下诏求贤，令各郡国举荐有才能的人出来为官。汉文帝曾要求郡国举荐"贤良方正能直言极谏者"。到了汉武帝时期，人才选拔任用的察举制已经基本完善。这种选拔人才的制度要求自下而上向朝廷举荐人才，朝廷通过对策等形式，对各地举荐的人才进行必要的考试，以确定这些人才是否名副其实,然后根据考试结果和举荐的科目,授予人才不同的官职。汉代察举制的科目繁多,最主要者有岁科(即每年举行)孝廉、茂才(秀才)、察廉、光禄四行。此外,还有贤良方正、贤良文学、直言极谏、孝悌力田、明经、明法等。察举制是汉代重要的选官制度,对两汉经济、社会、文化的发展曾经发挥了重要作用。

任何一种制度如果被固化下来,而不能随社会的变化而变化,不能与时俱进,那么,时间久了就必然会显示出其弊端。汉代的察举制也是这样。到了东汉中期以后,察举制的弊端越来越明显,譬如权贵请托、士人钻营、主考官依据个人好恶取士等现象,已经越来越严重。有的人钻察举制的空子,沽名钓誉,以求得到举荐。东汉有一个名叫许武的人,被会稽太守举荐为孝廉。许武因为弟弟许晏、许普名声未显,想让他们在乡里扬名,以便得到举荐,就把两个弟弟叫来,要求分家。分家的时候,他把肥沃的田地、宽广的宅院和身强力壮的奴婢都分给自己,两个弟弟得到的田地贫瘠,家产很少,奴婢羸弱。于是,乡里都称赞许武的两个弟弟懂得礼让,而鄙薄许武贪得无厌。许武的两个弟弟因此得到举荐,都做了官。这时,许武才把宗亲都请来,哭泣着向他们说明原因:"我作为兄长已经做了官,而两个弟弟还没有得到荣誉和官禄。我这样做是为了成全两个弟弟,让他们得到好名声,以便得到举荐。如今,两个弟弟已经如愿以偿,我的财产也增加了三倍。现在,我把财产都交给两个弟弟,自己分文不留。"[①]如此一来,许武受到了乡亲们的交口称赞,名望扶摇直上,后来竟然官至长乐少府。这是一个典型的利用察举制弊端的例子。许武善于钻察举制的空子,自己与兄弟皆得利,而真正受损害的则是采用这种选拔人才制度的朝廷。

到了东汉末年,豪门大族相继崛起,社会阶层日趋固化,官僚体制

[①] 王钦若等撰:《册府元龟》卷八百五十一。

更加僵化，察举制的弊端越来越明显，以至于出现了"举秀才，不知书；察孝廉，父别居"这样的奇怪现象。察举制已经进入末路。许多真正有才能的人不能通过正常的选官途径进入仕途，而那些出身世家大族的人、善于投机钻营的人，则可以借察举制之名轻而易举地步入官场。士人仕进无门，自然要"不平则鸣"，发发怨气也就是很自然的事情了。

二、宦竖擅权塞言路

光武帝中兴汉业之后，东汉有过一段时间的繁荣发展时期。尤其是光武帝和汉明帝时期，政治昌明，社会稳定，经济发展，文化有很大进步。范晔对汉明帝颇为推崇，其评价也颇为公允："明帝善刑理，法令分明。日晏坐朝，幽枉必达。内外无倖曲之私，在上无矜大之色。断狱得情，号居前代十二。故后之言事者，莫不先建武、永平之政。"[①]汉明帝法令严明，善于用人，使得幽枉必达，政治清明，所以后人说起东汉的政治，都对光武帝和汉明帝那个相对承平的时期给予赞美。但是，到了桓灵之世，整个社会已经形同一个大病在身的人，沉疴累积，病入膏肓，不论是用补药还是猛药，都已经很难医治了。汉桓帝和汉灵帝在位的40多年间，外戚专政，宦官弄权，忠良弃用，志士遭贬，正直之士没有晋升之路，阿谀逢迎之徒窃据要津，以致朝政日非，贿赂公行，腐败已渗透到社会的每个角落，百姓怨声载道，整个社会人心思乱，东汉政权已经到了崩溃的边缘。其最为严重者，是宦官专权，堵塞言路，使整个社会进入高度危险状态。

宦官之制度，虽然自古有之，但是，宦官专擅朝政，却始于汉和帝时的郑众，史称"和帝即阼，幼弱，而窦宪兄弟专总权威，内外臣僚，

[①] 范晔：《后汉书》卷二，中华书局，1965年。

莫由亲接，所与居者，唯阉宦而已。故郑众得专谋禁中，终除大憝，遂享分土之封，超登宫卿之位。于是中官始盛焉"。到了汉殇帝延平年间，宦竖专权达到登峰造极之地步，邓后临朝听政，国家大事不和朝中大臣商议，各种旨意皆从后宫发出，史称"帷幄称制，下令不出房闱之间。不得不委用刑人，寄之国命，手握王爵，口含天宪，非复掖廷永巷之职，闺牖房闼之任也"①。在此情况下，宦官干政也就不可避免了。宦官干政不仅造成了朝政混乱，而且更为主要的是堵塞了言路，致使汉朝之主听不到忠言，更不要说逆耳忠言了。于是，朝中出现了极为反常的现象，史家称之为"群公卿士，杜口吞声，莫敢有言""中外服从，上下屏气"。在宦官的高压和淫威之下，文武百官都屏声静气、忍气吞声，偶尔有人敢于犯颜直谏，就会遭到无情打击和迫害，轻则免官，重则灭族。桓灵之世如李固、李膺等正直敢言之士，都在宦官制造的"党锢之祸"中被处死。春秋时期，郑国相子产曾经说过，防人之口甚于防川。但桓灵之世的宦竖们一旦朝权在手便把令来行，他们欺君罔上，操弄权术，把持朝政，哪里会记得先贤的教导？他们恨不得一手遮天，让天下所有敢于非议的人钳口闭嘴。

士人既然不能在庙堂之上议论朝政、评价得失，那么，就只有放言于江湖之上，议论于草野之间。于是，处士横议就成了桓灵之世的一种独特社会现象。

三、"党锢之祸"兴于朝

桓灵之世的两次"党锢之祸"，是把东汉推入万劫不复境地的罪魁祸首。而其幕后推手，则是桓帝、灵帝以及外戚和宦官们。所谓"党锢

---

① 范晔：《后汉书》卷七十八，中华书局，1965年。

之祸",是指东汉桓灵之世宦官专权,诬陷李膺、范滂、郭泰等正直之士结党营私,讪谤朝廷,诋毁公卿,蛊惑人心,并最终将李膺等士人禁锢或杀害的两次政治事件。"党锢之祸"是继秦始皇焚书坑儒之后,中国文人的又一次大劫难,受"党锢之祸"牵累的文士多达六七百人,不少人家背井离乡,逃离中原。许多家庭家破人亡,甚至被灭族。

宦竖与士人结怨,起源于汉桓帝延熹年间的一件事情。宦官张让的弟弟张朔任野王县令,由于有张让作靠山,张朔贪得无厌,凶狠残暴,甚至残杀孕妇。恶迹斑斑的张朔畏惧司隶校尉李膺的威严,逃回京师洛阳后,藏在张让家的合柱中。李膺探听得到确切消息,带领人马来到张让家,令人把合柱劈开,直接把张朔抓走,交给监狱审理后,录得口供,不待上报就把张朔给杀了。张让当时正是炙手可热的人物,怎么能够忍下这口气,就向汉桓帝诉冤。李膺亲自到殿前与张让对质,据理力争,驳斥张让的无理指责。汉桓帝对李膺亦是无可奈何。从此以后,宦官们虽然都对李膺恨之入骨,但却十分畏惧。他们害怕被李膺抓住把柄,不敢轻易走出宫禁。汉桓帝见宦官忽然谨慎起来,询问他们原因,宦官回答说:"害怕李膺。"李膺当时是士人领袖,被尊为"天下模楷",在太学生中很有影响。宦官虽然嫉恨李膺,却也无可奈何。

汉桓帝延熹九年(166年),河内郡有一个名叫张成的人,精通预卜吉凶的风角之术,推算出来汉桓帝将来会大赦天下,于是就教唆他的儿子去杀人。时任河南尹的李膺把张成的儿子抓了起来,虽然遇到皇帝大赦天下,但李膺还是以故意杀人罪把张成的儿子正法了。张成与宦官有交情,汉桓帝对他的方术还曾经有过奖誉。宦官早就看不惯刚直不阿、严于执法的李膺,于是就教唆张成的弟子牢修出面诬告李膺,说李膺养了一些太学生作为门客,和各郡的学生相互勾结,形成了朋党,抨击朝政,扰乱风俗。汉桓帝对李膺不听指示早就有所不满,如今又置大赦天下的诏令于不顾,把张成的儿子正法,不由得勃然大怒,不问青红皂白，便下令逮捕李膺，并令各个郡国逮捕与李膺有来往的太学生。诏令到了太尉陈蕃那里，陈蕃认为诏令要逮捕的那些人，都是忧国忧民、忠贞不贰的正直之士，不愿意签署逮捕令。汉桓帝见太尉陈蕃不肯连署，不由得恼羞成怒，直接下令把李膺等人抓了起来，投进监狱，严加审讯。于是，和李膺有关系的杜密、陈寔、范滂等200多人都被牵连，投进了监狱。第二年，尚书霍谞和城门校尉窦武联名上书汉桓帝，为李膺等人求情。汉桓帝出了胸中一口恶气之后，感觉李膺等人对朝廷还是忠心耿耿的，但又担心他们的势力坐大，朝廷难以控制，于是下令把李膺等人全部罢官，赶回老家，终身不得为官，同时，还把他们的名字都留在王府中，以备查验，永世不得叙用。李膺、杜密、陈寔、范滂等人，原本只是志同道合，不畏豪强，并非结党营私，但由于他们敢于仗义执言，敢于抨击世俗，敢于指斥朝政，惹得朝中那班宦官很不高兴，所以才被贴上了"共为部党，讪谤朝廷，疑乱风俗"的标签，好像他们真的结为一党似的。所以，李膺等人虽然被罢了官，被赶出了京师，但朝廷还是把他们视为一党，将他们禁锢终身，由此形成了东汉第一次，也是中国历史上第一次"党锢之祸"。

延熹十年（167年），汉桓帝驾崩，窦太后与其父城门校尉窦武秘密商定，派光禄大夫刘儵持节赴河间，奉迎年仅12岁的解渎亭侯刘宏进京即位，是为汉灵帝。先前因第一次"党锢之祸"被免职的陈蕃因受到窦太后的信任重新得到重用，出任太傅。汉灵帝年幼，陈蕃与大将军窦武共同秉持朝政。他们看到了宦竖干政对汉室的危害，密谋除掉宦官，于是就重新起用天下名士，任命李膺为长乐少府，希望借重李膺等名士的力量。可惜的是，陈蕃与窦武谋事不密，被宦官侯览、曹节等发觉。宦官曹节先发制人，假诏劫持窦太后，捕杀陈蕃、窦武，并将尚书令尹勋、侍中刘瑜、屯骑校尉冯述等及其族人全部杀死，把窦太后迁于南宫，禁闭起来。刚刚被起用的李膺等人再次被免官，重新遭到禁锢。

由于李膺等人在士人中有广泛影响，而他们又没有直接参与诛杀宦官之事，所以，不断有人上书朝廷，为李膺等人鸣冤叫屈，希望重新起用李膺等人。向朝廷上书的人前赴后继，此起彼伏，没有间断过。这让宦官们看到了李膺等人的巨大影响力，他们害怕李膺等人被重新起用后，他们又要过上整天战战兢兢的日子，于是恶人先告状，于汉灵帝建宁二年（169年），向汉灵帝进谗言，说张俭等24人结党营私，欲图不轨，恐怕会危及国家社稷。汉灵帝不问青红皂白，立即下令逮捕张俭等人。大长秋曹节此时也向汉灵帝进谗言，让把此前遭到禁锢的李膺等党人一并逮捕。于是，原司空虞放、太仆杜密、长乐少府李膺、司隶校尉朱禹、太尉掾范滂等100多人都被抓了起来，并惨遭杀害。一时间各个州郡也仿照朝廷的样子，在全国范围内捕杀党人，遭受牵连的多达六七百人，其中有的被处死，有的被流放，有的被终身禁锢。汉末士人遭遇了灭顶之灾。

与第一次"党锢之祸"相比，第二次"党锢之祸"更为惨烈，涉及面更广，受迫害的人更多。第一次"党锢之祸"，李膺等所谓的"党人"仅是被禁锢，被剥夺了参与政治的权利，尚没有危及生命。第二次"党锢之祸"却是对汉末士人的一次大清洗，凡是被贴上"党人"标签的，都无一例外地受到了迫害。更为严重的是，第二次"党锢之祸"之后，宦官并没有停止对党人的迫害和追杀。熹平五年（176年），汉灵帝在宦官的蛊惑下，借永昌太守曹鸾为党人鸣冤叫屈之机，对东汉党人展开了最后的追杀，不仅杀了为党人鸣冤的曹鸾，还再次下令，凡是党人的门生、故吏、父子、兄弟任官的一律免职，禁锢终身，不得叙用，并连及其五族，更多的人因此遭到迫害。天下百姓明白张俭等所谓的"党人"是遭受迫害的，遂舍命相救。被仇览等宦竖诬陷的张俭，得知朝廷要来抓捕他的消息，慌忙逃走，逃到哪里，哪里的老百姓都舍命保护他，所谓"望门投止，莫不重其名行，破家相容"。张俭逃到东莱，住在李笃家，外黄令毛钦率领兵马，来到李笃家门口，准备抓捕张俭。李笃对毛钦说："张俭是闻名天下的文士，他逃亡并不是因为他有罪。你可以放张俭一条生路，难道你真的忍心把这样的人抓起来吗？"毛钦拉住李笃的手说："蘧伯玉以独自为君子是可耻的事情。您难道要独自行仁义吗？"李笃说："我虽然好行仁义，但您今天不抓张俭，已经把仁义载走一半了。"毛钦为李笃舍生忘死保护张俭的行为所感动，扭头带兵就走了。李笃于是辗转把张俭送到塞外，这才把张俭保护下来。当然，像张俭这样幸运的士人还是少数，很多士人都在朝廷对党人的大追杀中命丧黄泉。

东汉桓灵之世的两次"党锢之祸"，结果都是宦官大胜，而忠贞的大臣和正直的文士却遭到贬斥、禁锢，甚至被杀害。"党锢之祸"不仅碰触了中国封建社会宦官不得干政的底线，而且以非常残酷的手段迫害士人，毁掉了皇权和统治者执政的基础，撕裂了当时的社会阶层，丧失了最后那一点点可怜的民心，并最终导致汉末大乱，造成了东汉的覆亡。中平元年（184年），张角等人不堪东汉朝廷的压迫，值天下大旱、徭役加重之机，以太平道相号召，举行黄巾大起义，喊出了"苍天已死，黄天当立，岁在甲子，天下大吉"的口号，于是一呼百应，风云四起，一时有席卷天下之势。中常侍吕强担心黄巾起义军借助被禁锢的党人力量，向汉灵帝进言说："党人积怨太久了。如果他们与黄巾军合谋，天下就没有可救的了。"汉灵帝担心失去天下，于是下诏赦免党人，让遭受流放的党人回归故乡。中平六年（189年），汉灵帝死后，执掌大权的董卓、刘虞、杨彪、黄琬等人派遣使者，去祭奠因"党锢之祸"而遇害的太傅陈蕃、大将军窦武等人，以这样一种形式对桓灵之世遭受迫害的党人予以平反。东汉桓灵之世，一代正直的士人忧国忧民，却逢宦官弄权，他们空有一腔热血，却是报国无门，接连遭受迫害。直到黄巾军举事，汉末大乱，汉灵帝才赦免东汉党人。汉灵帝死后，才由广受诟病的董卓等人为陈蕃、窦武等党人平反。中国历史上，继秦始皇之后，知识分子遭受的又一次大规模迫害事件，竟然以这种方式结束，不论是对东汉君臣，还是对中国历史来说，都是一个莫大的讽刺！

四、"处士横议"起于野

"党锢之祸"造成的政治高压局面，使庙堂之上的士人不敢随便议论朝政，但民意民情总要有一个发泄口。所以，在"党锢之祸"兴于朝的同时，在野的士人议论纷起。范晔对此有很精辟的描述："逮桓灵之间，主荒政谬，国命委于阉寺，士子羞与为伍，故匹夫抗愤，处士横议，遂乃激扬名声，互相题拂，品核公卿，裁量执政，婞直之风，于斯行矣。"①之所以会出现处士横议的现象，不仅因为宦官弄权、堵塞言路，人们不能在庙堂之上抨击时政，而且由于寒门子弟仕途狭窄，求进无门。两汉实行的察举制，到了东汉中期以后，已经成为一种有利于豪门大族和官宦之家的选官制度，而寒门出身的士人缺少进身之路。迄于桓灵之世，察举制已经为豪门大族所控制，成为豪门大族和官宦之家子弟进身仕途的方便之门，许许多多优秀的寒门士子则因察举制被阻挡在仕宦的大门外。东汉时期，像弘农杨氏、汝南袁氏、颍川陈氏那样的官四代、官五代的现象十分普遍，正所谓"龙生龙，凤生凤，老鼠儿子会打洞"。寒门士子由于缺少家族后盾和援手，进身之路被阻断，便免不了要寻找发泄胸中不平之气的机会。他们不平则鸣，除了借他人杯酒，浇自己胸中块垒，还要对朝政时局和天下人物进行品评，于是，"处士横议"在京师之外悄然兴起，形成了蔚为大观的清议之风。"处士横议"不仅成为士人发泄不平之气的窗口，而且成为他们议论朝政时局、

---

① 范晔：《后汉书》卷六十七，中华书局，1965年。

评价人物的重要方式。桓灵之际出现的许多民谣，都与"处士横议"有关。诸如"天下规矩房伯武，因师获印周仲进""汝南太守范孟博，南阳宗资主画诺。南阳太守岑公孝，弘农成瑨但坐啸""天下模楷李元礼，不畏强御陈仲举，天下俊秀王叔茂"[①]等，都与当时盛行的人物品评之风有关。

"党锢之祸"爆发前，朝野在舆论上已经明显形成了两大派：一是以李膺为代表的敢于抨击朝政时局的士人群体，二是以宦官为代表的既得利益集团。两大集团本来是各说各话，没有大的冲突。但"党锢之祸"彻底打破了既得利益集团与士人集团之间的利益平衡，因而也打破了东汉末年的社会平衡，造成了新的社会危机。当此之时，正直之士既不能立身庙堂，名正言顺地发表对朝政时局的看法，不能通过正当的途径表达他们对国家大事的关切，又不愿意与宦官同流合污，做他们的应声虫，那么，便只有"处士横议"一条路可走了。所以，在野士人议论朝政、品评公卿、评价人物之风便应运而起。南朝宋史学家范晔分析汉末清议之风的起因时认为，君主荒淫无道，朝中大权被一帮阉竖把持着，正直之士羞于和他们为伍，于是就愤然议论朝政，进而激扬各自的名声，互相标榜，品评公卿大臣，评价执政者得失，这种仗义执言、毫不避讳的现象一时蔚然成风。司马光《资治通鉴》在论及东汉"党锢之祸"时也认为，桓灵之世的士人生活在朝政混乱的时代，他们既然不能立身朝堂之上，于是就退居乡野，以言论来与阉竖作斗争，并想用这种办法来拯救天下危局。他们的言论激怒了像蛇蝎一样狠毒残暴的宦官，以至于遭受残酷的刑罚，还连累了他们的兄弟、家人、学生和朋友。这些正直的士人遭受了迫害，家破人亡，而东汉也随之灭亡。

伴随着"党锢之祸"出现的"处士横议"，是东汉桓灵之世非常值

---

① 范晔：《后汉书》卷六十七，中华书局，1965年。

得注意的现象。正是因为有了"处士横议"、激扬名声，有了士人的臧否人物、激浊扬清，才形成了东汉桓灵之世的清议之风。对当时一些著名人物，士人清议都有评价，如称窦武、刘淑、陈蕃三人为"三君"，认为他们具有非同寻常的人格魅力，是人们学习的楷模；称李膺、荀昱、杜密、王畅、刘祐、魏朗、赵典、朱㝢八人为"八俊"，认为他们才能出众，是人中英杰；称郭林宗、宗慈、巴肃、夏馥、范滂、尹勋、蔡衍、羊陟八人为"八顾"，认为他们德行出众，可以作为人们的榜样；称张俭、岑晊、刘表、陈翔、孔昱、苑康、檀敷、翟超八人为"八及"，认为他们品行兼优，可以引导人们向善；称度尚、张邈、王考、刘儒、胡母班、秦周、蕃向、王章八人为"八厨"，认为他们仗义疏财，能够救人于危难。当时的民间还流传着有关他们的一些民谣，如"天下模楷李元礼，不畏强御陈仲举，天下俊秀王叔茂"等。党人相互标榜，相互张扬，形成了强大的声势，在社会上产生了广泛的影响。这不论对宦官还是对朝廷都产生了很大的压力，甚至造成了某种程度的威胁。所以，自汉桓帝延熹末年至汉灵帝光和末年的20多年间，朝廷对党人的迫害始终没有间断。但是，残酷的迫害只能堵住庙堂之上的士人之口，却不能杜绝在野士人的议论。天下人之口，不是政治高压所能堵塞得了的。尤其是当汉末士人清议成为一种社会风气的时候，那些大权在握的权贵们也不得不对士人清议存有几分畏惧之心。

东汉桓灵之世的社会动荡，埋下了黄巾起义的祸根，导致了天下大乱。而东汉党人的"激扬名声，互相题拂，品核公卿，裁量执政"，则在汉末大乱中逐渐演变成为一个时代的风气——清议。所谓清议，是指那些正直公允的评论，而评论的对象则往往是朝政或当时人物。汉末大乱的时候，传统崩溃，社会失序，既有的规范都被打破。许多士人虽心怀天下，忧国忧民，却是难以施展抱负，因而只有通过清议这种方式，来表达自己对时政、社会及当时人物的看法。而以许劭领衔的汝南"月旦评",就是这样一个特殊时代的产物。

五、"许郭之评"应运生

说起汉末清议之风,就不能不说郭泰和许劭。他们是汉末清议之风的推动者,也是清议之风的引领者。他们一前一后,被称为汉末清议界的领袖人物,他们的人物品评被人们称为"许郭之评"。

郭泰,字林宗,太原介休(今山西介休市)人。郭泰小时候,家中贫寒。长大成人后,有人推荐他去县里做差役,他说:"大丈夫怎么能够做斗筲这样的差役呢?"他到成皋,跟着屈伯彦学了3年,博通史籍,善于谈论。后到京师洛阳游学,时任河南尹的李膺一见郭泰,就大为称奇,二人成了好朋友。李膺当时在太学生中非常有威望,郭泰因成为李膺的好朋友而名震京师。郭泰见当时京师的形势非常诡谲,便渡河回乡。当时为他送行的官员和士人,都亲自送至河边,他们乘坐的车辆有数千辆之多。由此可见郭泰当时的影响。郭泰善于品评人物,他奖掖过的人物,都像他品鉴的那样,没有出现过名不副实的情况。据谢承《后汉书》记载,郭泰评价人物,都是先对人物品行作出评价,然后得到验证。所以,众人对郭泰的评价都很佩服。郭泰到陈地的时候,与符融成为好朋友;游太学的时候,拜仇季智为师;到了陈国,和魏德公很亲近;进入汝南,和黄叔度交往密切。他交往的这些人,都是东汉桓灵之世的名士,在士人中间很有影响力。正因如此,不在官场的郭泰,却受到了士人的敬仰,不少士人都把能够得到郭泰的评价作为莫大的荣耀。

许劭是继郭泰之后,士人清议的领袖人物。他和堂兄许靖主持的汝南"月旦评",每月选择一个主题,围绕人物的风度、气质、才干、德行、言语等,对汝南人物和天下人物进行评点。因为他们对人物的评点能够实事求是,而且评点得十分到位、十分恰当,他们品评的人物大多各如所评、各得其所，所以许劭主持的"月旦评"影响越来越大，以至于那些尚未发达的豪门公子、乡里少年、他乡才俊，都想过一过他们的慧眼，得到他们的评点，请求许劭为他们美言几句。得到他们的赞美，是当时许多年轻人梦寐以求的事情。

桓灵之世的两次"党锢之祸"之前，李膺是东汉党人的领袖人物，也是朝廷清议的领袖。李膺刚直不阿，不畏强权，深得士人拥戴。他对当时人物的评价，成为人物评价的标杆。所以，许多人都以能够得到他的评价为荣，一经李膺接纳，得到他的评价，就会身价倍增，所以当时就有"登龙门"之说。李膺是朝中重臣，在东汉"党锢之祸"中是宦官重点打击的对象，他在第一次"党锢之祸"中遭到禁锢，在第二次"党锢之祸"中遇害。这样的经历反而让士人对李膺更为敬仰。所以，李膺在世时，是朝中理所当然的清议领袖。李膺之后，尤其是李膺等党人在第二次"党锢之祸"中遭到杀害之后，不论是士人之间的"激扬名声，互相题拂"，还是"品核公卿，裁量执政"，对朝政发表评论，对人物进行评价，其话语权已经从朝廷转移到民间，而其代表人物，就是民间清议领袖郭泰和许劭。

郭泰和许劭前后相继，主导民间清议，引领士人清议。同时，由于二人在品鉴人物方面的广泛影响，人们把他们的人物品鉴称为"许郭之鉴"，给予很高评价。《白孔六帖》有"许郭之鉴"条目，并解释说：后汉郭泰字林宗，许劭字子将，咸有知人之鉴，故天下言拔士者，咸称"许郭之鉴"。"许郭之鉴"不仅对当时士人具有一语定终身的巨大影响力，而且令后人啧啧称赞。人们常常把那些有知人之明的人比作许劭、郭泰，把他们对人物的评价比作"许郭之鉴"。东晋时期的桓彝有人伦鉴识，他选拔的人才，有的是从默默无闻时得到提拔，有的是在孩提时期就受到重视，所以当时的人都把他比作许劭、郭泰；南朝梁湘东王萧绎上表朝廷，举荐顾协，有"识非许郭，无知人之鉴"的谦辞；江总《让吏部尚书表》则有"东京许郭,西晋裴王"的评价;至于以文章享誉当时的任昉,也善于品鉴人物,凡是经过他品鉴奖掖的人物,后来都声名远扬,所以,其人物品鉴被称为"许郭之鉴"。

以年龄而论,郭泰要比许劭大许多,二人根本不是一代人,但人们说到东汉末年的人物品鉴,却称"许郭之鉴",把许劭置于郭泰前面。这不仅因为郭泰在第二次"党锢之祸"发生的次年就去世了,而且因为"党锢之祸"后,许劭成了事实上的清议领袖,而他主持的汝南"月旦评",更是汉末"处士横议"的著名事件,在当时影响极大。汉末清议之风的炽烈盛行,使许劭这位清议领袖不经意间就被汹涌的大潮推向了历史前台。而许劭也没有辜负历史老人的眷顾,他借助在家乡汝南平舆举行的"月旦评"这一平台,以包容天下的胸襟、善于识人的慧眼、妙语连珠般的评论,成就了包括曹操在内的许多历史人物,自然也在有意无意间提携了他认为属于青年才俊的乡党,使他的家乡汝南成为汉末人才辈出之地。这自然而然地也使许劭成为真正的汝南先贤!

拨云驱雾,去伪存真,一个真实的许劭、灵动的许劭正缓缓向人们走来……

许劭的故乡汝南郡，是东汉时期文化底蕴最为深厚的地区之一。汝南郡是西汉高祖刘邦所置，郡治平舆，属古豫州，为楚地与豫州之分界。当时辖37县，人口259万余人。东汉时期，汝南郡仍辖37县，但由于中原是四战之地，两汉时期经历过多次战争，其地人口锐减，仅有210万人，比西汉时期少了40多万人。汝南是历史名郡，文化底蕴非常深厚。在这块神奇的土地上，曾经成长起来许多在中国历史上叱咤风云的著名人物，涌现出一些在东汉乃至整个魏晋时期都广有影响的名家大族。汝南袁氏、应氏、许氏，就是东汉时期汝南郡名家大族的代表，许劭则是这一时期汝南杰出人物的代表。

一、名家大族出汝南

东汉时期，汝南和颍川、陈郡等中原名郡一样，产生了一些在中国历史上有深远影响的名家大族。其最有代表性者，就是袁氏、应氏和许氏。

曾经叱咤风云的汝南袁氏，是东汉历史上深有影响的家族。汉明帝时，汝南汝阳人袁安，在京城洛阳谋生，当时尚未知名。有一年冬天，天降大雪，洛阳令外出查看，见很多人都出来乞讨，袁安却僵卧不起。洛阳令到门查看，问他为何不出去，袁安说："这个时候，人们都出去讨饭吃，我不想打扰别人。"洛阳令以为袁安身处贫穷而能坚守节操，于是举荐他出来做官，初举为孝廉，任阴平长、任城令，后拜楚郡太守、河南尹。袁安任河南尹10年，公平断案，奸邪敛迹，京师肃然，朝野称颂。汉章帝时期位居三公，元和三年（86年）出任司空，章和元年（87年）出任司徒。汉和帝永元四年（92年），袁安在司徒位上去世。从汉明帝到汉和帝，袁安历仕三朝，官职从低到高，权力从小到大，一直受到人们称颂。从袁安开始，一直到桓灵之世，汝南袁氏都是显赫的世家大族，世代为官，声名远扬。袁安之子袁京精于《孟氏易》，曾任侍中、蜀郡太守；袁京之子袁彭曾任广郡、南阳太守，汉顺帝初年为光禄勋；袁彭之弟袁汤，汉桓帝初为司空，封安国亭侯，累迁司徒、太尉；袁汤之子袁逢，汉灵帝时为司空；袁逢之弟袁隗亦官至三公；袁安另一子袁敞，汉和帝时官至光禄勋，汉安帝时为司空。其子袁盱亦官至光禄勋。汝南袁氏前后共有袁安、袁敞、袁汤、袁逢、袁隗等5人位至三公。到了东汉末年，汝南袁氏尚有袁绍、袁术兄弟，在北方诸侯争霸中风云一时。十八路诸侯讨伐董卓时，袁绍被推举为盟主，一个重要的原因，就是袁氏是十分显赫的"四世三公"之家，袁绍出身名门，名望足以服众。

汝南应氏也是知名的世家大族。汝南南顿（今河南项城）人应顺，字华仲，汉和帝时先后任冀州刺史、东平相，后入朝为官，官至河南尹、将作大匠。他为官清廉，克己奉公，明达政事，声名远扬。应顺有10个儿子，个个都很有才华。其子应叠曾任江夏太守，应叠之子应郴为武陵太守。应郴之子应奉，自幼聪明，博闻强记。他任郡中小吏时，遇到太守审问犯人，42个县，上千囚徒的口供，以及罪行轻重，该处以什么样的刑罚，他一一道来，没有任何差错。汉桓帝永兴元年（153年），应奉出任武陵太守。汉桓帝延熹中，应奉转任司隶校尉，不畏强权，纠劾不法，令京师秩序大为改观。桓灵之际，宦官制造"党锢之祸"，正直之士遭受迫害。应奉不愿同流合污，又无力扭转局面，遂辞官归隐，远离是非之地。后来，很多人举荐他出来做官，他一概拒绝；

其子应劭才华横溢，汉灵帝中平六年（189年），出任泰山郡太守。初平二年（191年），30万黄巾军进入泰山郡。应劭率领郡中文武官员与黄巾军决一死战，杀敌数千人，缴获辎重两千辆，令黄巾军撤出泰山郡界。应劭是著名学者，他的《风俗通义》，是记述汉代风俗礼仪的名作。应劭的两个侄子应玚和应璩，是建安时期的著名诗人，曹魏时期，应璩官至侍中。其后，应氏绵延不绝，应璩之子应贞，应贞从子应詹，在两晋时期亦颇为知名。

这一时期，汝南郡另一位大名鼎鼎的人物就是陈蕃。陈蕃，字仲举，汝南平舆人，与许劭是同乡。陈蕃的祖父曾任河东太守。他15岁的时候，父亲的朋友薛勤来访，见陈蕃独处一室，而院子里却是非常脏乱，就对他说："小孩子，你接待宾客，为什么不把院子打扫干净呢？"陈蕃振振有词地说："大丈夫生活在社会上，应当扫除天下，哪里用得着打扫一间房子？"薛勤因此知道陈蕃有着远大的志向。果然，陈蕃后来官居要津。陈蕃十分看重有才能的士人，他任乐安太守时，郡中士子周璆乃高洁之士，前后郡守征聘他出来做官，他一概拒绝，不应征辟，甚至难得见他一面。陈蕃想见他时，只要一声召唤，周璆就会前来。陈蕃任光禄勋的时候，与五官中郎将黄琬共同主持选举，顶住权贵的压力，秉公而处，让一批寒门子弟得以进身仕途，而那些肚里没有多少墨水又无才能的官宦子弟，并没有因为他们有着令人羡慕的门第而得到擢升。陈蕃这样做，虽然得罪了朝中的一些权贵，却也无怨无悔。汉桓帝延熹八年（165年），陈蕃以太中大夫升任太尉，执掌军事大权。第一次"党锢之祸"起，陈蕃顶住压力，硬是不在汉桓帝下令逮捕李膺等士人的诏书上连署，并因此而遭到罢官。汉灵帝即位后，陈蕃应窦太后之请，重新出来做官，官至太傅。他与大将军窦武见宦官弄权，惑乱朝纲，遂谋诛宦竖。不料谋事不密，反被宦官杀害。陈蕃是东汉桓灵之世很有影响的人物，时人把他与刘淑、窦武合称"三君"。太学生则把他与李膺、王畅并列，当时有谚语说："天下模楷李元礼，不畏强御陈仲举，天下俊秀王叔茂。"

东汉汝南郡不仅有上述豪门大族，还出现了一位名列"二十四孝"的大孝子蔡顺。蔡顺，字君仲，自幼丧父，以孝顺母亲著称。有一次，蔡顺出去砍柴，家里突然来了客人，母亲见蔡顺还没有回家，就轻轻地咬了一下手指头。正在砍柴的蔡顺忽然感到有点心痛，于是就急忙回家，跪问母亲有什么事情。母亲说："家里有客人来，我咬一下手指头告诉你。"蔡顺事母至孝，竟有所感。母亲去世后，还没有来得及安葬，邻居家失火，大火逼近蔡顺的家。蔡顺担心烧毁母亲的棺材，就趴在棺材上痛哭，大火竟然绕过了蔡顺的家，母亲的棺材得以保全。母亲害怕雷声，每逢下雨打雷，蔡顺就到母亲墓前，哭着对母亲说："儿子在这里，母亲大人不要害怕。"官府得知蔡顺如此孝顺，多次征召他出来做官，蔡顺都以不能远离母亲为由拒绝了。

如此之多的名家大族，如此之多的文化名人，为许劭的成长奠定了深厚的文化基础，营造了良好的成长氛围。曹魏时期周斐撰写的《汝南先贤传》，记载了这一时期出现的许多历史人物的事迹，让人们见识了汝南先贤的德行业绩，领略了他们卓绝的风采。

二、许氏家族的荣光

汝南许氏出自尧舜时代的许由，许由是许氏的得姓始祖。早在传说中的尧舜时代，许由就是一位超绝世人的高士。据西晋皇甫谧《高士传》记载，许由，字武仲，阳城槐里（今河南登封）人。他为人十分正直，行得正，坐得端，邪席不坐，邪膳不食，隐居于沛泽之中。尧知道许由十分贤明，想把天下让给许由。许由说："日月光耀天下，而小小的火把仍然有其光亮，这岂不是很难的事情吗？天上时时降下甘霖，而还要用湖泊中的水去灌溉，不也是很辛劳的事情吗？"尧执意要把天下交给许由，许由说："你把天下治理得这么好，还需要我来代替你吗？难道我是为了得这个虚名吗？名是宾，实是主。我不会做这样名不副实的事情。鹪鹩在树林中筑巢，有一枝就够了；鼹鼠渴饮河水，喝饱就可以了。你为什么要把没有什么用的天下给我呢？厨师即使不去准备祭品，主持祭祀的人也不能越俎代庖。"在别人看来，为天下之主，是求之不得的大好事，可许由却不愿意干。为了躲避尧，许由一个人跑到中岳嵩山颍水之阳的箕山下隐居起来，很少再涉足世事。尧见许由不愿意接受管理天下的重任，就准备让许由出任九州长。许由觉得尧这样做是羞辱了他，也弄脏了他的耳朵，就跑到颍水边洗耳朵。刚好巢父牵着牛犊来饮牛，就问许由为何洗耳朵。许由就把尧准备让他做九州长的事告诉了巢父。巢父得知详情后，也恐怕河水脏了牛口，就到上游饮牛去了。此事最早见载于《庄子·让王》篇，虽然有很大的传说成分，但许氏的得姓始祖许由为人正直、不慕名利、淡泊功名，赢得了后人的称赞。许由的这样一种精神，对许氏后人产生了深远影响。

　　汝南许氏是远承许由而来，在东汉时期很有影响。许劭的家族从祖父那一代就已经很有名气了。他的从祖父许敬，汉顺帝永建二年（127年）由光禄勋升任司徒，位至三公。东汉设司徒、司空和太尉，世称三公，但司徒执掌政务，相当于后世的丞相或宰相，权力很大。太尉执掌军权，司空负责监察。许敬在司徒任仅两年就被免官。许敬的儿子许训也很了得，汉灵帝建宁二年（169年）由太常卿升任司徒，像他的父亲一样曾经执掌朝政；建宁四年（171年）被罢免，也仅在任两年，后转任少府；熹平三年（174年），又由少府转任司空；熹平五年（176年）转任太尉，但在任仅三个月就再次被罢免。许训是汉灵帝时的重臣，也是汝南许氏唯一一个历任司徒、司空和太尉三公的人。许训之子许相在汉灵帝时也有表现，汉灵帝中平二年（185年），许相由光禄大夫升任司空，中平四年转任司徒，中平五年被罢免。当时宦官专权，朝政日非。许相谄事宦官，与宦官段珪等狼狈为奸，颇有恶名。中平六年（189年）被司隶校尉袁绍捕杀。许相背离了老祖宗淡泊名利、不慕功名的传统，与宦官相互勾结，其下场自然就不难预料了。

除许敬、许训、许相之外，许劭的同宗许栩，于汉桓帝延熹六年（163年）由卫尉升任司徒，延熹九年（166年）被罢免。汉灵帝建宁元年（168年）时，中常侍曹节等人假诏诛杀太傅陈蕃、大将军窦武等，许栩重新被起用，被任命为司空，次年被罢免；两年后许栩东山再起，被任命为司徒，不久又遭罢免。汝南许氏在东汉时期有4人位至三公，堪与汝南袁氏分庭抗礼。

相比从祖父许敬那一支，许劭家族在官场上就没有那么显赫了。但许劭之兄许虔和堂兄许靖，当时名气却很大，风评也很好。许虔，字子政，正直高雅，宽宏大量，志向不凡，未及弱冠就表现出非同凡俗的气度。汝南郡邵陵县有一位名叫谢甄的人，有识人之明，在鉴识人才方面，他的名气比太学生领袖郭泰还要大。他对许劭的哥哥许虔有这样的评价："许子政是国家栋梁之材。看他义正辞严、举止得当，可与陈仲举相匹敌；看他疾恶如仇、摈斥小人，则有范孟博之风度。"陈蕃和范滂都是东汉末年"党锢之祸"中的著名人物，是东汉党人的榜样，在当时的士人和太学生中有很大影响。谢甄把许虔与陈蕃、范滂相提并论，可见他对许虔是怎样的推重！谢甄还把许虔和许劭称为"平舆二龙"，表明他对许虔十分看重。许虔做的最大的官是汝南郡功曹，职位不高，却是汝南郡守的主要助手，负责郡中选用人员等事务。许虔在功曹任上，废黜奸邪之人，让那些怀奸使诈之人没有晋升的机会，深得郡中百姓的爱戴。由于许虔的努力，汝南郡那些乌烟瘴气的事情不见了，正直廉洁之风盛行，整个汝南郡的风气因此得到了改变。只可惜许虔英年早逝，35岁风华正茂的年龄，就撒手人寰了。

许劭的堂兄许靖也是一个十分了得的人物。汉末清议之风盛行的时候，他曾经和许劭一起，主持汝南的"月旦评"，受到时人的重视。但许靖为人过于看重虚名，且个性很强。许劭对这位长兄有些瞧不起，二人的关系曾经闹得比较僵。徐璆任汝南太守，敬佩许劭的人品，请许劭出任郡功曹，负责郡中人事选拔任用等事务。许劭既然看不上这位堂兄，也就有意排斥他，弄得许靖求进无门，只好靠用马拉石磨磨面，卖些小钱支应生活。后来刘翊出任汝南太守，许靖才有了出来做官的机会，被举荐为孝廉，出任尚书郎。董卓之乱时，许靖负责选举事务，他举荐的人后来都与董卓反目成仇，起兵讨伐董卓，惹得董卓很不高兴，要把许靖抓起来杀了。许靖闻讯，急忙出逃，先是依附豫州刺史孔伷，后又依附扬州刺史陈祎。陈祎死后，许靖逃到吴郡，暂时寄身在吴郡都尉许贡门下。后来，吴郡太守盛宪见许贡势力坐大，称病离职，许贡遂取而代之，就任吴郡太守。其时大约在汉献帝兴平元年（194年）。这个时候，许劭也逃难到了江南，与堂兄许靖在吴郡太守许贡处相见。当时，孙策势力很大，在如何保吴郡平安的问题上，许贡求教许劭和许靖兄弟。兄弟二人各持己见，意见相左。传说二人言语不合，争论不休，最后以至于大打出手。这虽然只是传说，但由此不难看出，许劭与许靖之间的关系确实非常紧张。后来，益州牧刘璋听说了许靖的大名，邀请他入川。许靖应邀入川后，先后任巴郡、广汉、蜀郡太守。刘备入川后，许靖投降了刘备。其间发生的几件事情，可以看出许靖的为人。据《三国志·蜀书》卷七《许靖传》记载，建安十九年（214年），刘备进围成都，时任蜀郡太守的许靖准备翻越城墙投降刘备，不料被人发觉，没有得逞。刘璋因为蜀中正在生死存亡之际，没有加以追究。但刘备知道了这件事，对许靖很是看不起，不准备再用他。法正劝说道："天下有获得虚名而名实不相符的人，许靖就是这样的人。但是，主公刚刚创立大业，不可能对天下之人逐一解说许靖名不副实。许靖的名声已经传播出去了，天下的人都知道。如果不用他，天下之人会认为主公轻薄贤才，所以应该敬重他，让远近的人都知道。就像当年燕昭王对待郭隗那样。"在法正的劝说下，刘备才厚待许靖。蜀后主时，许靖官至太傅、司徒。许靖人很聪明，但其品行颇受诟病。在蜀汉群臣中，真正赏识他的，只有诸葛亮，这也是他在蜀后主时位至司徒的原因所在。许靖的堂兄许玚汉末曾为陈国相，即陈国的行政长官，其职位和"建安七子"之首的孔融为北海相颇为类似。许靖之孙许游，蜀后主景耀中官至尚书。

三、平舆之渊有潜龙

汝南许氏最为著名的，不是曾经位居三公的许敬、许训、许栩、许靖、许相等人，而是官职不大却让许多人敬之爱之畏之恨之的许劭。

许劭，字子将，许虔之弟。生于汉桓帝和平元年（150年），比堂兄许靖小2岁，比袁绍、孔融大3岁，比曹操大5岁，因此和曹操、袁绍、孔融算是同时代人。许劭小时候就与众不同，他非常聪明，气度不凡，往那里一站，如山岳挺立，凛然不可侵犯；而静下来的时候，却像深渊一样沉静，给人深不可测之感。许劭为人处世讲究规矩，做事情符合礼仪，从不做违背公序良俗的事儿。当时有一人名叫谢甄，是汝南邵陵人。他生性聪敏，知书达理，善于谈论，长于识人，在当时很有名气。谢甄和当时的太学生领袖郭泰有交往，和才华四溢的边让是好朋友。他和边让去看望郭泰，为了见上郭泰一面，他们常常一等就是好多天。郭泰曾经对他人说："谢甄、边让二人，都是才华有余，但并没有进入正道。"虽然如此，谢甄对人物的评价还是很中肯的，有人认为，他对人物的品评，比郭泰还要准确，当时就有"明识人伦，虽郭林宗不及甄之鉴也"的说法。据《海内先贤传》记载，许劭10岁（一说为

18岁）的时候，谢甄见了他，大为感慨，称赞许劭说："此人乃稀世罕见之伟人！"谢甄是何等人物，他一生阅人甚多，但能入他法眼的人却不是很多。他能对许劭作出这样的评价，足见少年许劭是何等的聪敏奇伟！许劭还没有出名的时候，很多人都认为他比不过兄长许虔。许虔听了也很高兴，抚摸着自己的大腿，颇有些不好意思地说："弟弟也自以为比不过我。"可是，他哪里知道，那是弟弟许劭知书达理，懂得礼仪，要礼让兄长。等到兄弟二人长大成人的时候，人们对许劭兄弟的评价已经悄然改变了。

据《汝南先贤传》记载，谢甄见到了弱冠之年的许虔、许劭兄弟，眼前忽然一亮，由衷地赞美说："平舆之渊，有二龙焉！"意思是说，在平舆这个地方，有许虔、许劭兄弟这样两个人中之龙。龙是中国古代的图腾，是吉祥之物，后来则成为真命天子的代称。《易经》开篇就是"乾卦"，其对乾卦的解释，往往是借龙说事，如"飞龙在天""见龙在田""潜龙勿用"等。如果评价某人是"人中之龙"，那则是极高的评价。一般认为，"人中之龙"原是晋人马岌对隐士宋纤的评价。宋纤隐居时，酒泉太守马岌去拜访他，他却拒而不见。马岌感慨说："名可闻而身不可见，德可仰而形不可睹。吾而今而后知先生人中之龙也。"[①]意思是说：宋纤的大名人们都听说过，但他这个人却很难一见；他的德行，人们可以仰视，但他的身影人们却看不到。我因此而知道，宋纤乃是"人中之龙"。但是，用"人中之龙"来评价人物，最早则出自谢甄对许虔和许劭的评价。谢甄称赞许虔、许劭为"二龙"，是说二人乃人中豪杰，是非凡之人。这是对许氏兄弟的至高评价。

谢甄观察人物，有两条秘诀。其一是看人物的眼睛，所谓"察其盼睐则赏其心"，就是通过人物的眼睛能够观察其心灵。眼睛是心灵的窗

[①] 房玄龄等：《晋书》卷九十四，中华书局，1996年。

户。一个人心里想什么,是不是澄净如水,是否怀有杂念,从人的眼睛里都能够看出来。其二是看人物走路的样子,所谓"睹其顾步则知其道",就是通过人们走路的样子,来观察他接受过什么样的教育,有什么样的教养,是中规中矩、遵守规矩,还是我行我素、恣意妄行。两汉盛行察举制,而察举制首先要"察",就是要观察、了解人物。所以汉魏之际,出现了一些品鉴人物才性的著作,如三国魏刘劭的《人物志》,对人物品鉴提出了"八观""五视"之法。所谓"八观",一曰观其夺救,以明间杂;二曰观其感变,以审常度;三曰观其志质,以知其名;四曰观其所由,以辨依似;五曰观其爱敬,以知通塞;六曰观其情机,以辨恕惑;七曰观其所短,以知所长;八曰观其聪明,以知所达。所谓"五视",即居视其所安,达视其所举,富视其所与,穷视其所为,贫视其所取。通过其居住看一个人是否能够安于现状,通过其发达看一个人举荐什么,通过其富裕看一个人和哪些人交往,通过其困窘看一个人在干什么,通过其贫穷看一个人究竟喜欢什么,以此来辨别人物是否贤能。蜀汉名相诸葛亮之所以能够知人善任,也是因为他自有一套观察人物的方法。在他看来,人物的禀性并不难观察,因为人的相貌美丑分别很大,人们的表现也都不一样,有的人表面温良而实际上奸诈,有的人外表谦恭而实际上善于欺骗,有的人外表勇敢而内心怯懦,有的人看似尽力而实际上并非忠贞。他总结出了观察人物的七种方法:"一曰间之以是非而观其志,二曰穷之以辞辩而观其变,三曰咨之以计谋而观其识,四曰告之以祸难而观其勇,五曰醉之以酒而观其性,六曰临之以利而观其廉,七曰期之以事而观其信。"即用是非观察其志向,用言辞观察其变化,用计谋观察其胆识,用祸难观察其勇敢,用醉酒观察其禀性,用利益观察其廉洁,用具体的事情观察其诚信。早于诸葛亮和刘劭的谢甄,在观察人物方面虽然没有像诸葛亮和刘劭那样形成自己的一整套方法,但也有独特之处。他的"二观法"可以说是抓住了重点。人的修养往往通过外在行为表现出来。有修养的人，步履沉稳而不失矫健，举止中矩而不拘泥。有内涵的人，眼睛澄澈，目光凝聚，很少左顾右盼。谢甄评价人物，抓住最为关键的亮点，通过观察人物的眼睛和举止，对人物性格、修养、才能等作出评价。他对许劭"山峙渊停，行应规表"的评价，就是通过许劭的举止行为作出的。虽然从后来的结果看，许劭和他同时代的曹操、袁绍、孔融等人相比，既没有创下惊天动地的伟业，也没有在文学辞章方面留下什么东西，但许劭在当时的影响，却一点也不亚于曹操、袁绍、孔融等人，甚至还在他们之上。

论出身，许劭没有袁绍那样的显赫家世；论官位，许劭不像曹操那样曾经出将入相，位高权重。但是，许劭却能够令包括曹操、袁绍等人在内的汉末风云人物折腰敬畏，靠的不是显赫的门第或权势，而是崇高的个人声望。这声望来自他作为汉末清议领袖所具有的卓越的识人鉴人能力，来自他与堂兄许靖主持的"月旦评"的广泛影响，来自他对乡里才俊的激励和奖掖以及由此带来的汝南一郡人才济济，更来自当时天下士人对他的高度认可。

少年许劭，人中之龙！

褒贬人物"月旦评"

东汉桓灵之世的两次"党锢之祸"是继秦始皇"焚书坑儒"之后,中国传统文士遭受的又一次大劫难。它以皇权为靠山,以宦竖为爪牙,以对正直之士的大迫害、大清洗为目的,把大批敢于直言、深得民众喜爱的文士禁锢终身,甚至杀害。其结果不仅直接导致了汉末大乱,而且对中国传统文人造成了深刻影响,其最直接的后果,则是汉末清议之风的盛行。

清议是东汉时期产生的一种社会现象,主要指士人对时政或政治人物的批评议论。如前所述,"党锢之祸"造成了许多处于社会底层的士人报国无门,于是,他们就通过清议这种方式表达他们对朝政和当权者的态度,表达他们的情感好恶和政治倾向,并以此来影响民众,影响社会。由于这些人物如李膺、范滂、陈寔等,曾经都是上流社会的成员,有不少人是在社会上很有影响的人物,所以,他们的议论和评价又具有很强的导向作用。哪怕是寻常人物,只要得到郭泰、李膺等清议领袖的好评,马上就可能身价倍增,而一旦得到差评,就很难在社会上立足。许劭和堂兄许靖主持的汝南"月旦评",就是在汉末清议之风盛行的背景下出现的。

一、声名远扬比郭泰

月旦,就是农历每月的初一。正月初一,是一年之始,古人称为元旦。南朝梁萧子云有"四气新元旦，万寿初今朝"①的诗句。许劭主持的"月旦评"，就是每月的初一那天，选择一个题目，围绕主题，评论乡党，议论得失。"月旦评"以对人物的批评议论为主，而且是以对乡党的批评议论为主，所以对当时的汝南人物，尤其是那些得到许劭奖掖和激励的青年才俊，产生了很大影响，为他们步入仕途奠定了坚实的舆论基础。许多人物一经许劭品题，马上身价倍增，立即受到世人的关注，成为竞相争抢的人才。汉魏之际，汝南郡人才辈出，在当时社会上能够产生重大影响，许劭功不可没。

古匾"名高月旦"

"月旦评"是由许劭和堂兄许靖共同主持的。其具体时间，应是在许劭和许靖兄弟不睦之前，即汉灵帝熹平和光和年间（172—184年），也就是第二次"党锢之祸"结束至黄巾起义爆发前。这一时期正是第二次"党锢之祸"结束不久，清议领袖郭泰刚刚去世，汉末文士不得不暂时陷入沉寂的时候。所以，这一时期许劭主持的汝南"月旦评"，才能产生如此大的影响。其地点则是在汝南郡治所在地平舆（今河南平舆县），也就是许劭的家乡。今河南平舆县城尚有"月旦桥"，见证着昔日许劭主持"月旦评"的那段历史。

许劭与兄长许虔先后出任汝南郡功曹。按照正常情况，许劭出任汝

---

① 郭茂倩：《乐府诗集》卷十四。

南郡功曹的时间应在其兄长许虔之后。而许劭出任汝南郡功曹之后，曾经因为瞧不起堂兄许靖的为人，对许靖有所排斥，没有给许靖晋升的机会。所以，许劭主持"月旦评"应是在许虔任汝南郡功曹，而许劭尚未出任汝南郡功曹的这段时间。在许劭外出为官之前，许劭与许靖共同主持"月旦评"，二人真正是"兄弟同心，其利断金"。他们利用各自的声望，凭借各自的才学，乘汉末清议之风，在家乡平舆组织了影响深远的"月旦评"，形成了强大的汝南舆论声势，为汝南人物走出家乡，走向全国，搭建了便梯，开辟了便捷的通道。

据《三国志》《后汉书》《世说新语》等文献记载，许劭品题过的成名人物，主要有陈蕃、陈寔、荀爽、荀靖、曹操、许栩、陶谦、刘繇、袁术、刘晔、许靖等；而经许劭品题而成名的汝南人物，主要有樊子昭、虞永贤、李叔才、郭子瑜、杨孝祖、和阳士等"汝南六贤"。至于其他中等人才，有的是在困顿淹滞之时得到许劭的品题而发达，有的则是在孩提时期就受到褒扬，长大成人后成为受人瞩目的人物。他们的成长和成名，没有一个不是受到许劭的青睐和关照。由于得到许劭的品题和奖掖而发达起来的人物，或是在德行业绩方面作出成就的人，不可胜数。同样，许劭审查揭发那些弄虚作假、沽名钓誉的人，贬抑损毁那些名不副实、浪得虚名的人，也是毫不留情，即使是周朝疾恶如仇的单襄公，也无法和许劭相比。由于许劭对人物的品评影响很大，所以当时有人把许劭的人物品鉴与郭泰相提并论，称为"许郭之鉴"。而许劭的名声甚至后来居上，超过了郭泰，以至于当时有"故天下言拔士者，咸称许郭"之说。

许劭主持"月旦评"期间，其堂兄许靖积极参与，扩大了"月旦评"的声势和影响。但兄弟二人都是性情中人，性格都很要强。尤其是许劭，待人严肃，言语尖刻，讲究名节，重视道德，注重人伦，眼里揉不得沙子。经他奖掖和提拔的人物，不能有些许瑕疵，尤其是不允许有道德方面的瑕疵。许靖风流倜傥，一表人才，富有才华。其时，二人居于乡里，在仕途上尚无大的发展，所以就把"月旦评"作为提携乡里青年才俊、呼应天下清议之风的一种形式。在开展"月旦评"期间，兄弟二人合作尚可，举荐了不少汝南人物。

随着"月旦评"影响越来越大，许靖也就越来越感到不平，他年岁又长于许劭，对许劭风头过盛，多少有一些眼红。再加上许靖做事情常常从个人私利的角度去考虑，对自我道德要求不是很严格，这使得许劭对许靖少了几分敬重，多了几分轻蔑，兄弟二人的关系开始出现裂痕。主持"月旦评"期间，许劭曾经应汝南太守徐璆之邀，出任汝南郡功曹，负责全郡人事的铨选和任命。许靖当时也是有名的人物，又是许劭的堂兄，且曾经和许劭一同主持过"月旦评"，按照常理，许劭应该对他有所关照，加以提携。但许劭不仅不用他，而且还有意排挤他，搞得许靖很是狼狈，只好继续在家里辛苦劳作过日子。许靖也是读书人，耕地种庄稼不是他的长项，故而只能勉强维持生计而已。许靖对许劭的怨恨由此越来越深。

在许靖狼狈不堪的时候，许劭却是顺风顺水，声名远扬。他不仅在汝南郡站稳了脚跟，控制了汝南士人的升迁之路，而且还得到了朝中权贵的青睐。出身"弘农杨氏"的杨彪，是杨震的后人，为官非常清正。他当时任司空，可谓是位高权重。得知许劭在汝南郡把官场治理得井井有条，秩序井然，杨彪便想把这位稀世杰出的人才延揽到京城，先后以"方正""敦朴"之名举荐许劭，请他到京城来做官。但许劭对当时京城的形势看得很清楚，尤其是经过"党锢之祸"以后，京师官场之争此起彼伏，相互倾轧已成常态，京师已经成为动乱之源。许劭不愿到京城为官，就婉言谢绝了杨彪。有人认为这是一个难得的机会，就劝他接受杨彪的举荐，到京城为官。许劭回答说："当今天下，小人得势，王室将乱。避之唯恐不及，怎么还能飞蛾扑火呢？"这时，许劭已经有了举家南迁以躲避中原之乱的想法。这就是史家所说的许劭"欲避地淮海,以全老幼"。

在许劭离开汝南之前,"月旦评"搞得有声有色,影响越来越大,经过许劭品题之后成名的乡党也越来越多。"月旦评"成了许劭提携乡党的重要平台。

二、兄弟不睦原有因

许劭看不起许靖,是因为许靖的品行确有瑕疵。他太善于为自己考虑,思考问题常常先计较自己的利益得失,而不是从是非曲直的角度去考虑。有两件事情很能说明问题。一件是董卓擅权时,对许靖很是信任。董卓曾经把铨选官吏的重任交给吏部尚书周珌和时任尚书郎的许靖,让二人决定用哪些官员,不用哪些官员。这时候的许靖和周珌肩负着沙汰秽浊、显拔幽滞的重任,可以说掌握着官员升迁的大权。经许靖之手提拔了一大批官员,包括许多刺史和郡守级的官员,其中颍川郡的荀爽、韩融、陈纪等分别擢升为公卿或者郡守,尚书韩馥出任冀州刺史,侍中刘岱为兖州刺史,颍川张咨为南阳太守,陈留孔伷为豫州刺史,东郡张邈为陈留太守。许靖则拟任巴郡太守,尚未就任,又升任御史中丞。周珌和许靖自以为替董卓做了一件大好事,可是没有料到,韩馥等人到任之后,就参加了以袁绍为盟首的十八路诸侯讨伐董卓之役,他们共同举兵,结为联盟,准备诛杀祸国殃民的董卓等叛党。董卓闻讯大怒,对周珌说:"你和许靖等人都说要选拔有德行、有才能的人出来为官,我听从你们的建议,不想违背天下人之心,放手让你们选拔人才。可是你们选拔的都是些什么样的人才?刚刚到任,就回过头来要杀我。你们辜负了我的信任,真是让我寒心啊!"于是就下令把周珌推出去斩了。刚好在这个时候,被许靖推举为陈相的堂兄许玚,与豫州刺史孔伷合谋举兵，要讨伐董卓。许靖非常害怕，担心步周毖的后尘，就悄悄地投奔豫州刺史孔伷去了。

许靖后来反思此事，有意为自己开脱，称自己"党贼求生，情所不忍；守官自危，死不成义。窃念古人当难，诡常权以济其道"，意思是说：我当初与董卓为一党，苟且偷生，是情非得已；我在董卓那里做官的时候，常常感到自危，即使是死了也不能杀身成仁。我私下里常想，古人遇到危难的时候，也是采取变通的办法，来帮助其践行大道。很显然，这是许靖的诡辩之辞。董卓擅政弄权的时候，朝中有不少人迫于董卓的淫威，也是被迫为官，甚至还要为他唱赞美诗。但他们总是想方设法扶危济困，努力使国家步入正途。荀爽勉力支撑危局，司徒王允巧施连环计诛杀董卓，就是很典型的事例。许靖为自己开脱，虽然情有可原，但很难说服人。他这番话，只不过是为他曾经委身董卓找一个合适的借口而已。

许靖另一件不光彩的事情，是在他危难之际，西蜀刘璋把他请去，给了他一个施展才干的平台。许靖在西蜀先后出任巴郡太守和广汉太守，建安十六年（211年）出任蜀郡太守。建安十九年（214年），刘备进军西蜀，围困成都。许靖见刘璋已穷途末路，于是背叛刘璋，准备越城逃跑，因谋事不密而被捕。刘璋念在成都正处危亡之际，暂时没有追究他的责任。刘备夺取成都之后，对许靖临危背主的作为十分反感，自然看轻了许靖，不准备再用他。法正劝说道："许靖虽然老而无才，但却是有虚名，很多人都知道他，以为他很有才干。你如果不用他，会冷了蜀中贤士的心，对稳定西蜀很不利。"刘备以为法正言之有理，就任命许靖为左将军长史，即担任一个名义上的秘书长角色。刘璋在许靖穷途末路之时收留了他，还让他出任太守，最后把成都重地都交给了他。可是，到了刘璋危急之时，许靖竟然只考虑个人得失，准备背叛刘璋，这让刘璋很难过，也让刘备瞧不起他。是啊，一个到了关键时刻总是先考虑个人利益得失的人,怎么能够让人对他肃然起敬呢?

自从许劭为郡功曹,不提拔许靖开始,许靖就与许劭结下了冤仇。只不过二人是堂兄弟,都是读书人,当时还没有撕破脸。但是,汉末大乱中兄弟二人逃难到江南的时候,却在吴郡太守许贡面前闹了一场笑话,二人不仅撕破了脸,还打了起来。汉献帝兴平年间(194—196年),许靖、许劭为躲避董卓之乱,借道扬州,逃到江南,在老朋友吴郡太守许贡那里暂且安身。许贡的吴郡太守位置,是从前任盛宪那里抢来的,而他现在则面临着孙策的威胁,随时可能性命难保。怎样保全吴郡,保全身家性命?这让许贡大伤脑筋。于是,他想到了同在吴郡避难的许靖、许劭兄弟俩,就请他们一起帮忙想办法。在如何确保吴郡安全、确保太守许贡安全的问题上,兄弟俩是各持己见,互不相让,争论不休,最后甚至动手打了起来。许劭和许靖都是知名人士,大名在外,竟然一言不合,就要在老朋友面前挥拳相向,虽然真诚得可爱,却未免有失斯文,让外人看笑话。不过,从此也可以看出许劭和许靖不睦的另一原因,就是性格都太强,且又容易自以为是。

性格强,能力强,固然是好事,但如果心胸狭窄,见不得他人好,容不得才能超过自己的人,那么,这样的人聚集在一起,或是在一起共事,相互间的摩擦甚至是冲突,都是不可避免的。许劭与许靖不和,固然因为许靖在道德方面有瑕疵,但在"月旦评"期间,一山二虎,各自恃强,恐怕早已埋下了兄弟二人后来分道扬镳的种子。

三、是是非非"月旦评"

许劭主持的"月旦评",是汉末清议的产物,在中国历史上有深远影响。但许劭之后,有关"月旦评"的争论从来没有止息过。赞成者有赞成的依据,反对者有反对的理由。许劭性格耿直,不虚美,不隐恶,善于奖掖贤达，敢于直言是非，勇于批评邪恶。他的人物品评，为社会下层人士的进步升迁提供了阶梯，尤其是对汝南士人进身仕途提供了莫大的帮助。因此可以说，"月旦评"是汉末清议之风的另一种表现形式，有其独特的价值。但许劭不虚美、不隐恶的作风，以及宁折不弯的耿直性格，也为后人诟病"月旦评"提供了口实。

许劭性格耿直，言语直率，不仅得罪了堂兄许靖，而且也做了一些欠考虑的事情。比如乡党李逵，为人正直，道德高尚，颇有气节。许劭当初和他关系很要好，非常敬重他，可是后来二人却产生了矛盾。和堂兄许靖也是这样，开始时关系很融洽，后来闹得不可开交。这两件事情不仅影响了人们对许劭的看法，也影响了人们对"月旦评"的评价。当时，针对许劭的人物品鉴，蒋济和刘晔就曾当面进行过争论。

蒋济，字子通，三国曹魏人，年纪轻轻就成为曹操的心腹谋士，多次为曹操献奇谋。曹丕即位后，蒋济出任右中郎将；魏明帝时，蒋济任中护军；齐王曹芳时，蒋济官至太尉，甚是显赫。刘晔，字子扬，光武帝刘秀之子刘延的后代，曹操的重要谋士，曾任曹操丞相主簿。魏文帝曹丕时，刘晔曾任侍中；魏明帝时，刘晔先后任太中大夫、大鸿胪。魏明帝青龙二年（234年）因病去逝。蒋济和刘晔都是曹魏的重要谋士，在刘晔病逝前，二人曾经就许劭奖掖樊子昭是否合适进行过激烈争论。蒋济是很看重名誉的人，他认为，许劭奖掖樊子昭而贬抑许文休（许靖），是不公平的。在他看来，许文休有很高的名望，官位也很高。而樊子昭的一生却没有什么作为。刘晔马上反驳说："樊子昭是许劭在樊子昭经商时发现的，作为一个商人，樊子昭自从得到许劭的奖掖之后，直到耳顺之年，退居乡里能够固守清静，进身仕途能够坚守节操，从不做苟且之事。"刘晔的潜台词是，许靖徒有虚名，而且多有苟且之事。的确，在个人的道德操守上，许靖是无法与樊子昭相提并论的，在这些方面和刘晔争论，蒋济是占不到上风的。所以，蒋济见在道德品行上难以对樊子昭进行指责，就转而在个人形象上为许靖辩护，他说："樊子昭自幼至老，确实是一个道德完美的人。可是，你看他牙齿摇动，面颊深陷，怎么能够和相貌堂堂的许文休相比呢？"蒋济和刘晔对许劭的评价，评价重点不同，观察视角也不同。刘晔看重的是人物内在的精神气质和道德操守，蒋济看重的则是人物外在的东西。二人各执一词，似乎难分伯仲。但仔细分析，就可以看出蒋济是在强词夺理。

　　观察问题的角度不同，着重点不同，使后人对"月旦评"的评价明显分为两种对立的观点。赞扬"月旦评"者，以为许劭有人伦之鉴，善于识人。许劭的人物品评体现了汉末清议之风的精髓，对汉末时弊有救治之功。山简是"竹林七贤"之一的山涛之子，他对许劭比较推重，曾经把许劭与郭泰相提并论，认为"郭泰、许劭之伦，明清议于草野；陈蕃、李固之徒，守忠节于朝廷"。这是对汉末清议之风很正面的评价。郭泰、许劭等人虽然居于草野，但他们正直的议论却可以让人们茅塞顿开；陈蕃、李固等人居于庙堂之上，秉持臣节，忠贞不贰。《后汉书》的作者范晔在《许劭传》中，把许劭和郭泰的人物品鉴称为"许郭之鉴"，并称赞"符融鉴真，子将人伦。守节好耻，并不逡巡"[1]，认为符融和许劭坚守节操，秉持人伦，明于廉耻，没有丝毫的回旋余地。但是，真正给予"月旦评"较高评价的，则是宋代著名史学家司马光，他在《资治通鉴》中总结三代以来的历史，认为自三代以来，风化之美没有像东汉这样兴盛的。可是，到了汉和帝以后，贵戚擅权，嬖幸用事，赏罚无章，贿赂公行，贤愚混淆，是非颠倒，朝政和社会已经混乱不堪了。然而，东汉还能绵延数代而不至于灭亡，其原因就在于上有公卿大夫如袁安、杨震、李固、杜乔、陈蕃、李膺等人敢于在朝廷上当面抗争，用公义来扶持国家之危难；下有布衣之士如符融、郭泰、范滂、许

---

[1] 范晔：《后汉书》卷四十八，中华书局，1965年。

劭这样的人，立私论来救治国家之危败。因此，东汉末年的政治虽然浑浊腐败，而风俗不衰，以至于有忠臣义士"触冒斧钺，僵仆于前，而忠义奋发，继起于后，随踵就戮，视死如归"[①]。司马光把郭泰、许劭等人的清议，称为"立私论以救其败"，对汉末清议所发挥的政治作用给予了高度肯定。

当然，贬损和批评"月旦评"的声音也很多。诸葛亮曾经评价许劭"长于明臧否，不可以养人物"，即是说许劭擅长褒贬人物，却不能够培养人才。如果说诸葛亮的评价尚且属于褒贬之间的话，那么，他的侄子诸葛恪对许劭的评价就近乎指责了："自汉末以来，中国士大夫如许子将辈，所以更相谤讪，或至于祸。原其本起，非为大仇，惟坐克己不能尽如礼，而责人专以正义。"[②]这是典型的"己不正不能正人"，其意思是自己做不到，就不要要求别人去做。至于许劭与许靖不睦，以及许劭和李逵的关系，诸葛恪肯定听说过一些，所以，他就从许劭的人品说起，认为许劭"坐克己不能尽如礼，而责人专以正义"，难免让人怨恨相生。他由此推衍开去，认为："己不如礼则人不服，责人以正义则人不堪。内不服其行，外不堪其责，则不得不相怨。相怨一生，则小人得容其间。得容其间，则三至之言，浸润之谮，纷错交至，虽使至明至亲者处之，犹难以自定，况已为隙，且未能明者乎？"他指责许劭，自己做得不够好，就不要怪别人不服。如果在这种情况下还要去责备别人，别人就不会听你的。诸葛恪的评价，显然是着眼于许劭的性格瑕疵，认为许劭对人物的评价过于苛刻。

东晋时期，关于"月旦评"，平舆人梅陶与祖纳曾经有过一番争论。祖纳，字士言，范阳（今河北涞水）人，镇西将军祖逖的兄长，东

[①] 司马光：《资治通鉴》卷六十八，中华书局，1956年。
[②] 陈寿：《三国志·吴书》卷十九，中华书局，1962年。

晋时曾任光禄大夫。"八王之乱"时，他见时局动荡，遂闲居，以清谈和围棋打发时光，很少参与政治。后来渡江南下。其弟祖约任豫州刺史时，与苏峻勾结，反叛朝廷，被诛杀。祖纳因早已赋闲，不问政治，得以幸免。梅陶是汝南人，东晋时曾任豫章太守，晋成帝时入朝为尚书，升任光禄大夫。祖纳为光禄大夫时，有一次问梅陶："您老家的'月旦评'是怎么回事儿？"梅陶说："褒贬善恶，是一种很好的方式。"祖纳则认为没有什么益处。当时王隐也在座，说："《尚书》里说，三年一次考绩，三次考绩才可以对官员作出提拔或者贬黜的决定。怎么一个月就可以对人物作出褒贬呢？"梅陶回答说："《尚书》里面说的是官法，'月旦评'则是私法。"王隐说："《易经》里说，积善之家必有余庆，积不善之家必有余殃。既然称为家，难道不是官家？必须时间久了，善恶才可以显示出来，于公于私，有什么区别吗？古人说过，忠贞善良的人死去了，是他的先人造成的灾殃；残酷暴烈的人生存下来，是他的先人积累的德业。这样的事情，要经过多少代才能显示出来，岂是一个月就可以的？如果一定要一个月进行一次评价，那么，颜回饥食尘埃不免贪污，盗跖勾引少年则可称为清廉。早晨播下种子，傍晚就要收获，善恶就很难确定了。"梅陶和颍川人钟雅见祖纳和王隐对"月旦评"有异议，就把"月旦评"的许多事情讲给他们听。祖纳争辩不过梅陶，于是说："你们汝颖之士利如锥，我们幽冀之士钝如槌。拿我的钝槌，来锤您的利锥，一定可以把您的利锥摧毁。"梅陶和钟雅都说："神锥怎么可以用钝槌来锤呢？"祖纳说："如果有神锥的话，那就一定有神槌。"梅陶、钟雅和祖纳、王隐关于"月旦评"的争论，看似四人之间的玩笑话，实则反映出东晋士人对"月旦评"的两种基本态度。反对者以为，一个月的时间太短，无法对人物作出公允的评价；赞成者以为，善恶是人自为，只要有类似的行为，就可以作出评价。至于最后"神锥"对"神槌"，是争论双方难分伯仲的表现，确实有些雅谑的味道了。

东晋葛洪对许劭的评价就不客气了。他斥责许劭是以口舌搬弄是非的人："汉末俗弊，朋党分部。许子将之徒，以口舌取戒，争讼议论，门宗成仇。故汝南人士无复定价，而有月旦之评。魏武帝深亦疾之，欲取其首尔。乃奔波亡走，殆至屠灭。"葛洪认为，汉末出现的清议之风，是以朋党划分界限。而许劭等人搬弄口舌，引起争讼，以至于同门同宗之人反目成仇。所以，人们对汝南士人没有固定的评价，"月旦评"就是在这种情况下出现的。葛洪的评价显然是站在汉末"党锢之祸"施害者一方。他所说的"许子将之徒，以口舌取戒，争讼议论，门宗成仇"，如果是指许劭与许靖兄弟不和，还算有点儿影子的事的话，那么，说曹操欲取许劭首级，许劭因此被迫远逃他乡，就是睁着眼睛说瞎话了。曹操在汉末之乱中能够以卑贱之身份脱颖而出，与许劭"清平之奸贼，乱世之英雄"的评价有很大关系，曹操感谢许劭尚且不及，怎么可能追杀许劭？为了贬抑许劭及其主持的"月旦评"，葛洪不惜篡改历史，说假话以惑众。显而易见，葛洪的评价不仅过于偏激，而且是非不分，难以视为确论。

对于许劭主持的"月旦评"，不能一味说好，但也不能一笔抹杀，而应实事求是地分析。许劭品鉴过的成名人物，在汉末之世确实都有过非凡的表现；他奖掖过的乡党，也都成为史家笔下的正面人物。尤其是汝南乡党，有不少人正是因为得到了许劭的品鉴而从此广为人知，有的人还做出了一番事业。从这个意义上说，"月旦评"作为汉末清议的一种表现形式，发挥了清议应有的积极作用。但由于许劭在为人处世方面确实存在瑕疵，为批评他的人提供了口实，有人以此对许劭和"月旦评"提出批评，也不是无稽之谈。

不慕权贵拒乡党

在有关许劭的相关记载里,许劭是一个特立独行的人,也是一个眼里不揉沙子的人。他常常是我行我素,不大顾及别人的感受。正是这样一种性格,让他无意间得罪了一些人,也无意间授人以柄,成为别人攻击的对象。但许劭并不以为意,对那些他不喜欢的人,不论多么有权势,名气多么大,他一概拒人于千里之外,不给一点儿面子,更不会主动靠近,有意识地拉关系、套近乎。他对同宗许相、乡党陈蕃和名士陈寔等当时著名人物的态度和做法,都表明了他这样一种异乎常人的个性。

许劭在少年时期的非凡表现,以及许劭在主持"月旦评"期间产生的广泛影响,让许多人对许劭刮目相看。尤其是一些身居高位的人,迫切需要许劭这样的人进入官场,贡献其聪明才智。"学成文武艺,货与帝王家"既是许多文人的梦想,也是官场中人的想法,更是帝王对文士的要求。如果有才能而不愿意出来为国家为百姓效力,而是"不事王侯,高尚其事",就会被称为"怀宝迷邦"。所以,中国古代有许多朝廷安车蒲轮征召贤士的故事。最为典型的就是汉武帝时期的枚乘。枚乘是西汉著名辞赋家,曾经做过吴王刘濞、梁王刘武的文学侍从。七国之乱前,他上书劝谏吴王不要起兵,七国之乱中,他又上书吴王罢兵,由此而显名于当时。汉景帝时,他曾被任命为弘农尉。枚乘志不在此,称病辞官。汉武帝即位后,慕枚乘高名,以安车蒲轮征枚乘进京。可惜枚乘此时已是年纪高迈,竟病死在赴京的途中。许劭当时名气也很大，只是他还很年轻，虽然用不着安车蒲轮征聘，但也不是随便什么人就能够让许劭折节前往的。在许劭看来，不论朝廷还是其他什么高官，如果不符合他为人处世的基本原则，照样不买账。因此可以说，许劭是一个非常有个性、有原则、有自我追求的人。下面几件事情，可以让人们看到一个清高自许的许劭。

一、鄙薄同宗拒邀请

汝南许氏是东汉时期的高门大族，出了许多曾经显赫一时的人物。尽管其社会清誉尚无法与袁氏、应氏相抗衡，但毕竟是有名的望族。作为这一望族中的一员，许劭并没有自豪感，相反，对于同宗中的某些人还有厌恶之情。这个人就是他的同宗许相。

许相是许敬之孙，许训之子。许敬、许训都是东汉桓灵之世的权贵人物，曾位居三公。许相出身名门，有父祖为他奠定的仕途基业和广泛人脉，所以在仕途上很得意，可以说要风得风，要雨得雨，左右逢源。汉灵帝中平二年（185年），司空杨赐去世，许相以光禄大夫升任司空，接替杨赐，与太尉张延、司徒崔烈同为三公。崔烈，字威考，涿郡安平（今河北安平）人。他这个司徒，不是一步一步干出来的，而是拿钱买来的。就在这一年三月，汉灵帝为弥补中央财政亏空，同时也为了堵塞察举制的漏洞，开鸿都门榜公开卖官鬻爵，公卿州郡下至黄绶，都明码标价，各有差等。富人有钱先买了官，贫穷的人想做官，落在富人后，就要多出几倍的价钱。有的人就想办法、走门路，甚至求到宦官或后宫的侍女。当时像段颎、樊陵、张温等人，虽然建有军功，有名望，但还是靠拿了很多的钱才得以进身公位。崔烈走了后宫侍女程夫人的门路，向朝廷贡献五百万钱，才得以登上司徒的宝座。等到朝廷颁发任命状那天，汉灵帝见文武百官都到齐了，对身边亲近的人说："当初太仁慈了。早知道他们都这么积极踊跃，就向他们多要一些钱了，那样的话，随便松下口就可聚财至千万。"程夫人听了，在一旁说："崔公是冀州名士，岂肯出钱买官？还是走了我的门路，才拿了五百万钱。"此话传了出去，崔烈的声誉一下子一落千丈。中平四年（187年），司徒崔烈改任太尉，许相由司空改任司徒，手中的权力更大了。这个时候，正是黄巾军在北部中国攻城略地之时。黄巾军声势之浩大，波及之广阔，危害之剧烈，令朝廷措手不及，惊慌失措。为了应付黄巾军，尽快结束黄巾之乱，朝廷想尽办法，不惜物力人力，而且不停地走马换将，朝中的官员也是走马灯似的换。而掌管兵权的太尉一职更是不停地更换。这年四月，崔烈为太尉，到了十一月，就被曹嵩取代。中平五年（188年）四月，曹嵩被罢免；五月，永乐少府樊陵为太尉，六月就又被罢免；七月，马日磾为太尉；八月，任司徒仅一年四个月的许相也被罢免。

面对黄巾起义和四处的民变，朝廷急于平定民乱，频繁换将。其结果则是张让、曹节、段珪等宦官借黄巾起义操弄权术，手中的权力越来越大，忠贞正直之臣为国效力的空间越来越小。于是，不少人开始巴结宦官，谄媚中涓，以求在社会动荡之时得以自保，或者借机捞到更多的好处。许相就是这样的人。他巴结中常侍张让、段珪等人，依附于他们，从中获取了很多的好处，不仅位至三公，而且还多次被封侯，地位十分显赫。汉灵帝死后，朝廷在立刘辩为帝还是立刘协为帝的问题上，明显分为两大派。大将军何进等因刘辩是何皇后所生，于中平六年（189年）拥立汉灵帝的小儿子刘辩为帝，尊何皇后为太后。刘辩年纪尚小，难以执掌朝政，遂由何太后临朝听政，封刘协为渤海王。大将军何进想借何太后临朝听政之机除掉张让、段珪等拨弄权力的宦官，并剪除渤海王刘协的党羽。不料谋事不密，张让、段珪等宦官得到密报后抢先动手，发动政变，杀害大将军何进。在这次事变中，许相依附宦官，成为宦官的帮凶，被任命为河南尹，樊陵被任命为司隶校尉。宦官想通过此项人事任命，控制京师洛阳。然而，诏书到了尚书卢植那里，卢植怀疑其中有诈，请与大将军何进共同商议。至此，张让等发动政变的阴谋被揭穿。何进的部将吾匡、张璋及虎贲中郎将袁术等发兵共同进攻后宫，激战于朱雀门，斩车骑将军何苗。张让等人恐惧万分，胁迫何太后、少帝刘辩及渤海王刘协等从暗道逃跑。司隶校尉袁绍起兵，诛杀张让等矫诏任命的司隶校尉樊陵和河南尹许相。

许相谄事宦官，捞了很多好处，一时官高位显，十分得意。他任司空的时候，曾多次召许劭进京，想利用手中的权力提携许劭，培植自己的亲信。可是，许劭瞧不上他，对他谄媚宦官、残害忠良的行为深恶痛绝。他一次又一次地拒绝了许相的邀请，一点儿也不给他面子。即使到了京城洛阳，他也不去看望许相。由此可见，许劭为人有自己的底线，谄媚讨好、耍奸弄滑、背弃伦理的事情，他是坚决不做的。不论对方做多大的官，有多大的权，是不是乡党亲眷，只要是背弃了为人处世的基本底线，那就坚决不与其来往。后来的结果也证明，许劭拒绝许相之召，远离许相，是很有先见之明的。

许劭的另一位同宗许栩也曾位居高官。汉桓帝延熹六年（163年），司徒种暠病逝，许栩接任司徒一职。延熹九年（166年）四月，许栩被罢免，转任大鸿胪。建宁元年（168年），他由大鸿胪转任司空，次年被罢免。建宁四年（171年），许栩再次出任司徒，次年（熹平元年）被罢免。许栩长期居于官场，位高权重。许姓同宗想要谋个一官半职的，都去求许栩的门路，有人为了巴结他，不惜低三下四，重金贿赂，丧失人格。但是，许劭对这位同宗却没有好感，因为许栩沉湎于名利，做人没有底线，许劭根本瞧不上他，别说去求他了，即使到了京城，也不从他的家门前经过，以此来表示对他的轻蔑。

许劭出任汝南郡功曹之后，正是许栩和许相在官场上志得意满的时候。如果他不是那么清高、那么廉洁，凭他的名声和在当时的影响，他随便走一走这两位同宗的门路，都可以在京城谋个好差事。但是，许劭为人处世有自己的底线和原则，违背底线和原则的事，他坚决不做。更何况他对当时的官场、当时的社会还抱有强烈的批判态度呢。

二、游颍川不拜陈寔

颍川郡与汝南郡接壤，历史悠久，名人辈出。东汉时期，颍川与汝南都是文化重镇，涌现出不少领时代风骚的名人雅士。在整个魏晋南北朝时期，汝颍之士风头甚劲，对这一时期的历史文化产生了重要影响。譬如东晋时期，祖纳和梅陶就"月旦评"进行争论的时候，祖纳就有"汝颍之士利如锥"的评价。汉末至魏晋时期，颍川人物以陈氏、荀氏、钟氏居多，其阵容之庞大、影响之深远，可与汝南陈氏、应氏、许氏一较高下。许劭的家乡平舆离颍川不远，因此，许劭经常到颍川游学访友，与颍川名士结下了深厚情谊。

颍川人物，当时以陈寔最为著名。陈寔，字仲弓，颍川许县（今河南许昌）人，出身卑微，有志好学，坐立诵读，十分勤奋。县令邓邵十分赏识陈寔，就把陈寔送到太学读书。陈寔后来出任太丘长，被称为陈太丘。他在太丘长任上，施行德政，清静无为，深得百姓爱戴，邻县的百姓多来归附。汉桓帝末年，"党锢之祸"起，陈寔也受到牵连。许多受到牵连的人为躲避刑罚，纷纷外逃。陈寔则说："我如果不到狱中，那些士人就没有依靠。"于是主动请求朝廷把他抓起来，后来遇到大赦而出狱。大将军窦武钦敬其为人，辟为掾属。汉灵帝建宁元年（168年），窦武与陈蕃同时遇害，陈寔遭遇第二次"党锢之祸"，罢官回归乡里。陈寔在乡里，公平待人，持正论事，深得人们认可。家乡的人只要是发生了争讼，不是去求官府解决，而是来求陈寔，让他断一个是非曲直。只要是陈寔评的理、断的是非，人们都坦然接受，毫无怨言。当时陈寔的家乡流传着这样两句话："宁愿受到官府处罚，也不能让陈寔说一个不字。"

陈寔的道德操守堪为典范，待人接物秉持恕道，以宽厚为怀。有一年，当地遇到灾年，老百姓收成不好，没有吃的，很多人饿肚子，不免会有一些偷窃的事情发生。一天夜里，有盗贼进到陈寔的家里，藏匿在房梁上，准备在夜深人静的时候行窃。陈寔发现后，不动声色，穿衣起来，把子孙都喊起来训话。他严肃地对子孙训诫说："做人必须脚踏实地，勤奋努力，才会有好的前程。那些有不好行为的人，本性未必不好，只是慢慢地就习惯成自然，最后竟至于此，成为梁上君子，个中原因就是这样的。"盗贼听了陈寔的话，大惊失色，从房梁上跳下来，跪在地上磕头谢罪。陈寔教导他说："我看你的相貌不像是坏人。你要深刻地反省自己，要回归正道。我知道你今天这样做，是因为家里贫穷。"陈寔知道梁上君子入户偷盗，是因为家里揭不开锅，没饭吃，是不得已而为之，不仅没有更多地责备他，反而还让家人送给梁上君子二匹丝绸，帮助他渡过危难。这件事情传出去之后，遭遇灾荒的许县，竟然再也没有发生过盗窃事件。像陈寔这样如此宽厚的人，在中国历史上也是不多见的。

在《后汉书》等相关文献中，陈寔是道德楷模，是为人处世的典范，是东汉末年士人的良心。他是汉末两次"党锢之祸"的受害者，但受迫害也好，遭遇挫折也罢，不仅没有压垮他，反而使他更加专心于道德修养，成为人人敬仰的道德高尚的君子。正因如此，陈寔去世的时候，大将军何进派遣使者来吊唁，海内来许县为陈寔送别的达3万人之多，为陈寔披麻戴孝服重孝的也有数百人。一个既无显赫身世，又无一官半职的人，死后竟能获如此哀荣，不禁令人感佩！这不仅说明陈寔当时深受人们的爱戴，而且说明他在人们心目中的地位竟是如此的崇高！

陈寔这种境遇，让那些虽居高位而死后寂寂者无地自容，也让那些碌碌无为者感到汗颜！

陈寔与其子陈纪、陈谌当时并享高名，号称"三君"。许劭对他们不仅有所耳闻，而且应该比较了解。许劭到颍川游学访友的时候，与之交往的大多是颍川当地的长者或成名人物，如荀氏家族的荀爽、荀靖等，许劭就与他们见过面。但是，像陈寔这样一个受人爱戴的名士，一个令人高山仰止的人物，许劭不仅没有去登门求教，而且似乎还很不待见他。范晔为许劭作传，说"劭常到颍川，多长者之游，唯不候陈寔"。"不候"就是不去看望的意思。陈寔当时不仅名震颍川，而且是天下知名的人物。许劭到了颍川，与之交游的人都是当地有名望的人。他为何不去陈寔那里拜见，单单把陈寔这样一个大名士遗忘了？这就涉及许劭对陈寔的评价了。

许劭到颍川游学访友，不去拜访陈寔，不是目中无人，而是有他的道理。许劭曾经这样评价陈寔："太丘道广，广则难周。"意思是说，陈寔的交往太广泛了，太广泛了就会难以周全。这话乍一听还不太好理解。交游广泛，说明人缘好，这有什么不对吗？俗话说："在家靠父母，出门靠朋友"，"多个朋友多条路，多个冤家多堵墙"。交游广泛自然有交游广泛的好处，但关键在于"难周"。越想兼顾多方，就越难面面俱到。许劭说陈寔"广则难周"，是有所指的。宦官张让也是颍川人，桓灵之际，权倾朝野，炙手可热，很多人想亲近他，和他套近乎，从中捞点好处。但张让手上沾满了鲜血，尤其是他在两次"党锢之祸"中的表现，令许多正直之士从骨子里瞧不起他。张让的老父亲死了，按照惯例要归葬颍川。可是，下葬的时候冷冷清清，很少有人参加葬礼。颍川人明白是非曲直，不愿意给这样的人捧场。陈寔当时已经是成名人物，却与众人不同，独自参加了张让父亲的葬礼。陈寔也是"党锢之祸"的受害者，但他能够顺利地从两次"党锢之祸"中安全脱身，与张让这样大权在握的人物出面给他遮蔽风雨不能说没有关系。陈寔是出于感激参加张让父亲的葬礼，还是照顾乡里乡亲的面子，抑或是另有原因，限于史料匮乏，已无从可知。但是，陈寔在这件事情上为了照顾张让的面子而迷失是非界限，就让许劭不可接受了。许劭不去拜访陈寔，遵循的是自己为人处世的道德底线。

此外，从《二程外书》中程颐、程颢对许劭所说"太丘道广"的解释，也可以看出许劭不拜访陈寔的真实原因："陈寔见张让，是故旧见之，可也；不然，则非矣。此所谓太丘道广。"陈寔见张让，究竟是因为同是颍川老乡才去见他，还是有别的什么想法，无法作出推测。但他这种与众不同的做法，却不免让人生疑。二程所说"可也"，是说陈寔如果出于故旧之情，参加张让父亲的葬礼是可以的；但如果不是出于这种原因，而是出于对张让两次"党锢之祸"对他的庇护的感谢，那就太不应该了。许劭说"太丘道广"，只是一种委婉的说法，没有把话说得太直白，但他游颍川而不去拜望陈寔，已经表明了许劭对这件事情的看法：人不能事事都太周到了，如果追求事事周到，有些事情反而会考虑不周，甚至可能会丧失底线。这才是许劭不去拜访陈寔的真实原因所在。

三、不给陈仲举面子

陈蕃是东汉桓灵之世大名鼎鼎的人物。陈蕃，字仲举，汝南平舆人，与许劭是同乡。初举孝廉，除郎中，因母亲去世而辞官。后得太尉李固举荐，出任议郎，转任乐安太守。李膺任青州刺史的时候，很多官员慑于李膺的威名，不敢在青州做官，都跑到别的地方去了。乐安属于青州刺史管辖，而陈蕃却因有政绩而留了下来。在任乐安太守期间，大将军梁冀有事请托他，陈蕃不徇私情，拒绝接见梁冀的使者。使者怕回京不好交差，就改名换姓，见到了陈蕃。陈蕃一怒之下，令人用法杖将其打死，因此得罪了梁冀，被贬为修武令，但很快又升任尚书。不久他又因事得罪了皇帝身边的人，被贬出京城，出任豫章太守。在豫章太守任上，他清正廉洁，把豫章治理得井井有条。但由于他为人比较严肃，很少接待宾客，当地的士子百姓都有些畏惧他。后来，他被征召回京，当地官员为他送行，他要求送行的人只能送到城门口，不许出豫章城门。回京后，陈蕃得到重用，升任尚书令，迁大鸿胪。白马令李云抗旨向汉桓帝进谏，惹得汉桓帝大怒，李云因此获重罪。陈蕃上书为李云辩解，因此被免官，赋闲回归乡里。后又征拜议郎，在任没几天就转光禄勋。陈蕃任光禄勋时，与五官中郎将黄琬主持选举，不偏袒权贵富豪，因此受到权贵的迫害而被免官，但很快被重新起用，任尚书仆射，转太中大夫。汉桓帝延熹八年（165年），拜为太尉。陈蕃上书辞让，称"'不愆不忘，率由旧章'，臣不如太常胡广。齐七政，训五典，臣不如议郎王畅。聪明亮达，文武兼姿，臣不如弛刑徒李膺"[①]。汉桓帝没有采纳他的建议，坚持任命他为太尉，把军权交给他，充分体现出汉桓帝对他的信任。

汉桓帝末年，因一个小小的事件引发"党锢之祸"，汉桓帝下令逮捕李膺、杜密、范滂等正直之士。诏书到了陈蕃那里，陈蕃不仅不愿连署，而且还上书汉桓帝，要求释放李膺等正直之士。汉桓帝不加理睬，直接下令把李膺等人抓起来投进监狱。陈蕃再次上书，把汉桓帝禁锢士人与秦始皇焚书坑儒相提并论，称朝廷对李膺等"或禁锢闭隔，或死徙非所，杜塞天下之口，聋盲一世之人，与秦焚书坑儒何以为异"，认为汉桓帝"先诛忠贤，遇善何薄，待恶何优"，对汉桓帝多有斥责之辞。汉桓帝一怒之下，以陈蕃举荐官员不当之名罢了陈蕃的官。陈蕃作为太尉，虽然欲极力阻止宦官利用汉桓帝发起的第一次"党锢之祸"，但终

---

① 范晔：《后汉书》卷六十六，中华书局，1965年。

究无能为力,不仅没有阻止得了,自己反而也被罢了官。不久,汉桓帝驾崩,汉灵帝即位,窦太后临朝听政。由于窦太后当初被立为皇后时,陈蕃发挥了关键作用,所以,窦太后临朝听政后马上重新起用陈蕃,任命他为太傅,录尚书事,封高阳侯,与大将军窦武共同秉持朝政。陈蕃辞让再三,终于没有接受封侯之事。中常侍曹节等谗事窦太后,恃宠弄权,贪赃枉法,紊乱朝纲。陈蕃遂与大将军窦武共同谋诛宦官。陈蕃自以为有德于窦太后,又有很高的人望,上书汉灵帝,直言曹节等宦竖的丑恶行径,认为不迅速诛杀曹节等宦官,就一定会生内乱,令国家社稷倾覆,其祸之大难以估量。窦太后受宦官的蛊惑,没有采纳陈蕃的建议。结果是曹节等宦官先下手为强,矫诏杀害了陈蕃和窦武,并迁窦太后于南宫云台,实际上也是把窦太后打入了冷宫。

对于陈蕃,范晔有一段比较中肯的评价。他说,生当桓灵之世,像陈蕃这样的人,都能够树立好的声誉,与世俗抗衡,奔走于险恶之途,在朝堂之上与宦官阉竖作坚决斗争,一较高下,最终虽然死于阉竖之手,但这并不是因为他的情志不够高洁,而是因为疏离了更多下层官员和百姓,曲高和寡,难以取得更多人的支持。陈蕃以超凡脱俗为高,致使人们之间少了应有的人文关怀;以避世隐逸为非,故而虽多次遭受罢免,而依然不愿离开官场;以施行仁爱为己任,道路虽然艰难而愈加努力。范晔的评价很有史家眼光。从为政者的角度看,陈蕃是一位关心民瘼、为民请命的好官,也是一位为国家社稷不惜肝脑涂地的忠臣。但他的弱点在于始终以清高自许,立身朝廷却自恃清名,锋芒毕露,咄咄逼人,甚至在皇帝面前也不愿稍作迂回,不愿讲究斗争策略,其结果不免是峣峣者易折,最终命丧奸人之手。

许劭与陈蕃是乡党,对陈蕃披肝沥胆、为国尽忠的德行善举自然十分钦佩,但对其耿直峻急的性格也早有耳闻,自然也不认同。尤其是其打死梁冀使者,迁怒于无辜,暴露了过于峻急的性格弊病;而自豫章太守任回京时令送行的属下止步城门，更是以清高自许，有些不近人情。陈蕃为豫章太守的时候，很少接待宾客，但是，对当地名士徐稺却是青眼有加。徐稺家境贫穷，却能清贫自守，耕读持家，喜爱读书，《易经》《尚书》《春秋》等，无所不读，虽是一介贫士，却学问渊博，见识高远，不是那些滥竽充数的读书人所能比的，故有"南州高士"这样的美誉。豫章乃好学之地，许多人仰慕徐稺的道德学问，纷纷前来向他求教。陈蕃一向喜爱贤士，他在郡衙特意设置一榻，供徐稺来交谈时坐，等徐稺离开后，就把那个特设的榻悬挂起来，以示对徐稺的尊重。所以，王勃《滕王阁序》有"徐孺下陈蕃之榻"之说。陈蕃任豫章太守时，其夫人随同赴任，不料却因病客死异乡。陈蕃送妻子的灵柩归葬家乡平舆，家乡的人不论老幼全都赶来，为陈蕃的妻子举行了隆重的葬礼。许劭知道这件事，却没有前去送葬。陈蕃是那么一个深受乡党爱戴的人，其妻客死异乡，归葬乡里，许劭作为当地名士，竟然不去参加葬礼！有人以为许劭不近人情，问他为何不去。许劭回答说："陈仲举为人性格峻急，过于峻急就会缺少变通，有些事情就会大违常理。"陈蕃后来因"党锢之祸"遭遇不测，恰巧印证了许劭的评价。当时的人都佩服许劭对陈蕃的评价，认为这样的评价很得当，也很中肯。

  许劭对陈蕃的评价虽然仅有"仲举性峻，峻则少通"八个字，但可谓一语中的。结合陈蕃一生经历来看，陈蕃确实是性格峻急，缺少变通。譬如杖杀梁冀使者，虽是在发泄对梁冀的不满，但迁怒于无辜，实在不应该。两国交战尚且不斩来使，何况使者只是向陈蕃转达梁冀的意见，有必要一言不合就杀了使者吗？第一次"党锢之祸"，陈蕃作为太尉，对汉桓帝的诏书不连署，是正确的选择，上书为李膺等申辩，也是正义之举。虽被罢免，但可谓虽败犹荣。但他重新被起用后，自恃人望甚重，又曾经有恩于窦太后，得到窦太后的支持，遂与大将军窦武合谋，急于除掉弄权干政的宦官。他给窦太后的上书，指斥侯览、曹节等阉竖共乱天下，累数宦官干政之恶，称"今不急诛，必生变乱"。为了表示自己与宦竖不共戴天的决心，陈蕃在一切还没有准备好的情况下，就公开向宦官宣战，要求窦太后把他的上书公之于天下，希望引起天下人的响应，一起加入诛杀宦竖的队伍中来，结果却招致宦官的疯狂反扑，不仅陈蕃自己命丧奸人之手，而且引发了第二次"党锢之祸"，给天下士人带来了沉痛的灾难。陈蕃过于峻急而缺少变通，造成了非常严重的后果。许劭说"仲举性峻，峻则少通"，评价已经是相当保守的了。

四、不应征辟辞杨彪

杨彪，字文先，出身于弘农杨氏家族，是东汉末年颇有盛誉的人物。他的曾祖杨震，是中国历史上有名的清官。杨震，字伯起，弘农华阴（今陕西华阴）人，自幼好学，博览群书，学富五车，被称为"关西孔子"。朝廷和官府多次请他出来做官，他都拒绝了。50岁那年，杨震才出来做官，很快升迁至荆州刺史、东莱太守。杨震为官清廉，不论在哪里做官，都是尽力为百姓做好事，却从不受人馈赠，更不会接受贿赂。杨震最广为人知的，是流传已久的"四知"故事。据《后汉书》记载，杨震任东莱太守，赴任途中夜宿昌邑。昌邑县令王密是杨震任荆州刺史时举荐的人才。为了报答杨震的知遇之恩，王密夜里带着十斤金子送给杨震，杨震坚辞不受。王密说："黑夜之中，没有人会知道这件事。"杨震回答说："天知，神知，我知，你知，怎么能说没有人知道呢？"坚决把金子退了回去。受了杨震的教诲，王密也很羞愧。杨震为官清廉，为人正直，刚直立朝，累官至太尉，成为弘农杨氏的标志性人物。弘农杨氏为了保持祖宗的清廉之风，把堂号称作"四知堂"。

杨彪就是出身于这样一个有着良好家风的家族。杨彪少传家学，博闻强记，为人正直，曾经被举为孝廉、茂才，公府也曾经征召他出去做官，他都没有答应。汉灵帝熹平中，杨彪以博习旧闻，公车征拜为议郎，让他去朝中做官。杨彪出任议郎后，与马日磾、卢植、蔡邕等人一道，在东汉的文化机构东观供职。由于家族的影响，杨彪在仕途上很顺利，汉灵帝光和中迁侍中、京兆尹。黄门令王甫贪财纳贿，聚敛钱财七千多万，于是，杨彪向司隶校尉杨球揭发王甫。杨球于是奏明汉灵帝，诛杀王甫，大快人心。又任五官中郎将，出为颍川、南阳太守，后又回京出任永乐少府、太仆卫尉。经历过官场的一系列历练之后，杨彪升任司空、司徒、太尉、录尚书事等，真可谓是一生荣宠，位高权重。杨彪一生曾两次出任司空，中平六年（189年）代替董卓为司空，这年冬天代黄琬为司徒；初平三年（192年）秋，以光禄大夫之职代淳于嘉为司空，不久就因地震被免官。杨彪两次出任司空，但时间都不长。杨彪为司徒时，恰逢司空董卓提议迁都长安，百官无人敢言。杨彪据理力争，称"无故捐宗庙，弃园陵，恐百姓惊动，必有糜沸之乱"，为此甚至不惜和董卓撕破脸。董卓见杨彪敢于阻拦，流露出杀害杨彪之意，幸得荀爽等人曲意从中周旋，董卓才暂时打消了除掉杨彪的念头，将杨彪免职，降为太常。不过，杨彪却因此事而更加令人敬仰。董卓之乱后，杨彪又奉汉献帝回到洛阳，又从洛阳一直追随到许县，官至尚书令。曹操挟天子以令诸侯，认为杨彪是最大障碍，随便找个理由就把杨彪弄到了大牢里。孔融知道是曹操弄权，铲除异己，来不及穿朝服，就直接找到曹操，要求曹操马上放人，否则"明日便当拂衣而去，不复朝矣"。曹操无奈，只好把杨彪释放了。杨彪见朝廷已经为曹操所把持，遂以有足疾为由，辞官而去。杨彪的儿子杨修，曾经任曹操丞相主簿，后被曹操杀害。曹操后来见到杨彪，问他为什么这么瘦弱，杨彪回答说："很惭愧啊，我没有马日磾那样的先见之明，还对儿子怀有老牛舐犊这样的怜爱。"曹操听了，脸色很不好看。魏文帝曹丕即位，准备任命杨彪为太尉，杨彪坚辞不受。黄初六年（225年），84岁的杨彪在家中病逝。

弘农杨氏和汝南袁氏都是东汉名族，都累世为公卿，享有很高声誉。但比较而言，杨氏名望更高。袁氏虽然很看重名声和家教，但生活豪华奢靡，不及杨氏简朴。当时有人评价说，东汉时期，杨氏和袁氏世代出任宰相，成为东汉名族。然而，袁氏车马衣服极为奢侈华丽，甚至有僭越制度规定的情况，因还能谨守家风，故而为世人所看重。但在人们的心目中，其尊贵及名声却比不上杨氏。弘农杨氏的出名，除了杨震，杨彪的贡献也很大。他忠于君主，热爱国家，不惧权贵，刚直不阿，赢得了世人的赞誉。

杨彪第一次任司空的时候，倾慕许劭的德行、能力和名声，曾经征召许劭到京城来做官，史家称"司空杨彪辟，举方正、敦朴，征，皆不就"。其时间应是在中平六年（189年），杨彪代替董卓为司空之后。因为杨彪第二次出任司空时，许劭已经举家为躲避战乱而南迁，暂时在广陵栖身。既然说许劭"皆不就"，则杨彪举荐许劭就不止一次。东汉征辟官员实行察举制，孝廉、茂才、察廉和光禄四行为常科，而光禄四行又分质朴、敦厚、逊让、有行。特科则为贤良方正。此外，还有其他一些名目。杨彪以方正、敦朴的名目举荐许劭，应是先以贤良方正举荐许劭，后来又以质朴、敦厚的名目举荐许劭。其中前者为特科，后者为常科。在东汉察举制度下，士人若能被举荐，那是莫大的荣誉和褒奖。不少人为了求得官府或有声望之人的举荐，不惜拉关系，走后门，请客送礼，甚至低三下四，卑躬屈膝。但在许劭看来，这些功名不要也罢。因为他对当时的世道已经看得很清楚，桓灵之世的宦官专权，以及黄巾起义造成的国家动荡，诸侯割据造成的天下大乱，都使得去京师做官成为一项危险的职业。所以，他对劝他出去做官的人说，当今天下，小人得志，王室将发生动乱，去京师为官，岂不是自找苦吃？我准备远远地逃到徐州去，以保全一家老小。杨彪举荐许劭，应是在他第一次为司空时，即中平六年。这个时候，黄巾军虽然已被剿灭，但黄巾起义造成的后遗症则非常明显，那些借平定黄巾之乱而坐大的诸侯们，一个个拥兵自重，各自为政，不少人都有觊觎九鼎之意。朝廷内部也是尔虞我诈，危机四伏，尤其是宦竖干政，贤良遭贬。短暂的安稳只是假象。许劭虽然不在京师，但他对京师及当时天下大势了如指掌。为了保全性命于乱世，许劭不愿意到京师去沾惹更多的是非，而是早早地考虑好了退隐之路。事实证明，他不应杨彪的举荐，不到朝中做官，是非常有先见之明的。汉末天下，经过两次"党锢之祸"以后，已是千疮百孔，社会已是病入膏肓。当时的朝廷，不论是宦官弄权干政，还是董卓把持朝政，抑或是曹操挟天子以令诸侯，都不是正常的官场生态，清正廉洁、一心为国家百姓着想的官员，不仅很难有施展才能的机会，而且随时都面临着生命危险。对此已经看得清清楚楚的许劭，怎么可能犯险涉足官场呢？

许劭是一个非常有个性的人。他的个性不仅表现在他与堂兄许靖之间的关系上，也不仅表现在他对乡党李逵前后评价的差异上，而且表现在他对一些问题的处理上。有能力、有个性的人，一般不会膜拜权贵，不会刻意追求功名，而是以顺应个性、展示能力为待人接物、为人处世的基本选项。许劭就是这样的人。在汉末那样一个特殊的时代和社会中，真正有才能、有个性的人，是可以蔑视当时那个社会的。各路诸侯曾经叱咤一时，就说明了这一问题。许劭出身名门，官不大，位亦不显，但他同样拥有傲视当世的资本，这就使他在汉末清议大潮中拥有了绝对的发言权，他不仅可以比肩郭泰，而且在两次"党锢之祸"后有直凌郭泰之上的趋势，有资格与那些炙手可热的权贵们分庭抗礼。所以，对于那些不入他法眼的人物，不论其职位多高、官级多大，他确实有资格不屑与他们为伍。这是许劭的个性，更是因为许劭有这样的资本。

东汉时期，汝南郡不仅出现了一些有深远影响的世家大族，而且涌现出一批在汉魏之际享有盛誉的贤士。今人所辑三国魏周斐《汝南先贤传》，收录汝南先贤三十九人。一郡之中，竟有如此之多的贤士，规模颇为壮观。汝南先贤在东汉时期能够傲视群侪，固然与汝南深厚的历史文化底蕴息息相关，与东汉时期汝南世家大族频出关系密切，但同时与许劭主持"月旦评"，对家乡才俊多有奖掖也有很大关系。许劭对权贵不肯摧眉折腰，甚至不屑与之为伍，但他对乡里才俊，却是不吝赞美之词，甘为人梯，为他们铺平走入社会的道路，搭建入仕的阶梯。他利用主持"月旦评"的机会，对乡里的青年才俊予以提携和奖掖，使不少乡党脱颖而出，成为汉末知名人物，壮大了汝南先贤的队伍。经许劭提携和奖掖的家乡人物有很多，其中最广为人知的，就是有"当世之令懿"美誉的"汝南六贤"樊子昭、虞承贤（一作虞永贤）、李叔才（一作李淑才）、郭子瑜、杨孝祖与和阳士。

一、拔樊子昭于市肆

樊子昭与许劭是老乡，汝南平舆人。他出身卑微，家中贫寒，得到许劭品评之前，曾经在乡里的集市上卖过头巾，做过小贩。关于樊子昭，除《后汉书·许劭传》、《三国志·蜀书·庞统传》、蒋济《万机论》等文献提到过他的名字之外，其生平事迹很少有记载。虽然如此,由于得到许劭的奖掖和嘉许,樊子昭在当时的名气还是比较大的,美名传遍大江南北。下面一件事情很能说明问题。

有"凤雏"之誉的庞统,曾经把江东知名人物全琮等和樊子昭相提并论。庞统,字士元,汉末襄阳名士。他小的时候,深得名士司马徽赏识,被称为"南州士之冠冕"。当时,庞统与诸葛亮因躲避战乱,同时隐居于襄阳,司马徽称诸葛亮为"卧龙",称庞统为"凤雏"。"凤雏"是对庞统的很高评价,蕴含着司马徽对庞统未来发展的高度期许,很容易让人联想到李商隐的"桐花万里丹山路,雏凤清于老凤声"的著名诗句。庞统博闻强记,富有才学。他和许劭一样,刚进入仕途时,出任的也是郡中功曹,只不过他是出任襄阳郡功曹,许劭出任的是汝南郡功曹。庞统好品评人物,尤其是对襄阳和江东人物,有很多称赞的话。但是他称赞过的人物,有不少是言过其实,才能和名声很不相称。有人对庞统这种做法感到奇怪,问他为什么随随便便就把赞美之词送与别人,庞统的解释很有个性,他说:"方今天下大乱,斯文之道破坏殆尽,好人越来越少,坏人越来越多。在这种情况下,要想使风俗淳朴,行正道的人多起来,就要多赞誉人们做的好事,给他们好名声。如果做好事的人名声不足以让人们羡慕,那么,还有谁愿意去做好事呢?我如今赞美十个人,如果有五个人名副其实,那就有一半。这样的话,就有益于纯洁世风,让立志有所作为的人多起来。这样做不也是可以的吗?"

汉献帝建安十三年(208年),决定天下三分的赤壁大战结束。建安十五年(210年),东吴大都督周瑜病逝柴桑(治今江西九江市西南),庞统因此前往江东吊唁。江东人士都听说过庞统的大名,在庞统吊唁完毕准备回襄阳的时候,陆绩、顾劭、全琮等东吴名士在柴桑昌门为庞统送行。借辞行之机,庞统对东吴名士作了一番点评。他说:"陆子如同驽马,有超乎寻常的脚力;顾子如同驽牛,可以负重而致远。"他评价全琮说:"你乐善好施,追求名誉,和汝南樊子昭很相似,虽然智力不是多么出众，但也是一时名流。"庞统以樊子昭比全琮，其说话的语境有一个当然的前提，那就是全琮等人都知道樊子昭是什么人。庞统当时生活在襄阳，樊子昭是汝南平舆人，全琮等人是江东人，三方路途遥远，道路阻隔。樊子昭如果不是闻名天下之人，全琮等人便不会知晓樊子昭的大名，庞统拿全琮和樊子昭相比，也就没有什么意义了。可见，樊子昭当时已是非常知名的人物。樊子昭为何会有这么大的名气呢？就现存史料来看，看不出他做过什么惊天动地的事情，唯一的解释，就是许劭曾经给予他很高的褒奖，使他名传天下。东吴士人对于樊子昭，即使不是很熟悉，也应该有所耳闻，知道他是何等人物。否则，庞统以樊子昭比全琮，就失去了意义。

那么，许劭举荐的樊子昭究竟是怎样一个人物呢？由于史料匮乏，很难作出全面系统的介绍，只能从有关的文献中管窥一二。根据《三国志·蜀书》卷七《庞统传》裴松之注引蒋济《万机论》，蒋济曾经对许劭提拔樊子昭表示异议，他认为许劭提拔樊子昭而贬损许文休是不公平的。时任太中大夫的刘晔与蒋济针锋相对，为许劭辩护说："许劭提拔樊子昭的时候，樊子昭还是一个小孩子，但他一直到耳顺之年，都做到了退隐能够守静，进取而不苟且。"蒋济很不认同，立马反唇相讥，说："樊子昭确实从小到老都是一个完美的人。但是，你看一看他那副尊容，牙齿错落，面颊修长，嘴唇上下不搭，怎么能够和相貌堂堂的许文休相提并论呢？"从论辩的角度看，蒋济是在偷换概念。蒋济是从道德、人品、能力等方面，对许劭褒奖樊子昭、贬抑许文休表示不满，而在刘晔指出樊子昭进退有据，中规中矩，始终如一，表现出应有的道德操守，是一个道德高尚的人时，蒋济却话锋一转，攻击樊子昭长相难看，不能与一表人才的许靖（文休）相比。这就成了变相的人身攻击，是典型的顾左右而言他，是在转移话题。同时，这也是蒋济理屈词穷的表现。而蒋济理屈词穷，不仅说明刘晔所说是事实，而且从另一方面证明了许劭当初举荐樊子昭是正确的，也是很有远见的。试想一下，对一个少年作出评价，而那人直到花甲之年，仍能始终如一，这样的评价该是多么有远见啊！

另外，从庞统评价全琮，称其"好施慕名，有似汝南樊子昭"，也可以看出樊子昭的一些特点。庞统认为，在"好施"和"慕名"两个方面，全琮与樊子昭很相似。好施，即乐善好施，喜欢帮助别人；慕名，即追求名声，很看重自己的好名声。由此可知，樊子昭乐于助人，且很珍惜自己的名声。只是和庞统这样的高才比起来，智慧尚嫌不足。樊子昭名声虽然很大，连江东士人都知道他，但他在事业上似乎没有多大成就，至少从现有的文献记载中没有看到。

对于许劭提拔樊子昭，后人给予了高度评价。《汝南先贤传》把许劭曾经奖掖过的樊子昭、虞承贤、李叔才、郭子瑜、杨孝祖、和阳士等六人，称为"汝南六贤"，并把樊子昭置于"汝南六贤"之首。谢承《后汉书》则称赞许劭"拔樊子昭于未闻，天下咸称许劭"。在樊子昭默默无闻的时候，许劭竟然给他很高的评价，也是需要胆识的。唐代诗人罗隐则把许劭举荐樊子昭，与符融发现郭泰相提并论，认为"樊子昭之处屠沽，发光辉于许劭；郭林宗之游巩洛，振声价于符融"。"月旦评"之后，则是"物态乖讹，风流委敝。下有自媒之消，上无相汲之由"，清议之风已经与东汉末年完全不同了。显而易见，许劭提拔樊子昭，不仅眼光很准，而且确实为汝南人长了脸，扬了名。

二、举和阳士于微时

汝南西平当时有一人名叫和洽，字阳士，年轻的时候不为人知。许劭主持"月旦评"的时候，曾经给和洽较高评价，和洽由此名声大震。后来，郡中举和洽为孝廉。大将军何进对和洽也很赏识，征召他出来做官，被和洽拒绝了。汉献帝初平二年（191年），袁绍代替韩馥为冀州牧，派人到家乡汝南，迎接那里的知名士人到冀州做官。很多人都应袁绍的招募，离开汝南到了冀州，在袁绍治下的冀州谋份差事。由于得到许劭的奖掖，和洽当时已经有了一些名气，如果到冀州投奔袁绍，肯定可以谋个一官半职。但是，和洽没有接受邀请，而是留在了汝南。和洽不到冀州，是基于他对当时天下形势的分析，他以为，冀州乃四战之地，值此天下大乱之时，冀州无险可守，袁绍很难守住自己的地盘，冀州终究会为他人所有。而中原同样是四战之地，久经战乱，破败凋敝，难以安身立命。和洽仔细分析天下大势，认为只有荆州才是可以暂时安身立命的地方。荆州牧刘表虽然没有远大志向，在汉末大乱中守土求安，却爱惜士人，且荆州有险可守，是汉末大乱中唯一安定的地方。当时，许多文士都跑到荆州避难，如著名文学家王粲、音乐家杜夔，以及杜袭、司马徽、诸葛亮、庞统、石广元、徐元直、孟公威、崔州平等名士，都在荆州暂时安身。于是，和洽也携带家小和亲戚邻居，到荆州依附刘表去了。刘表久闻和洽大名，见和洽来归，待之如上宾。和洽审时度势，请求渡江到武陵，在武陵居住下来。建安十三年（208年），曹操南征刘表，和洽、王粲等文士因劝说刘表之子刘琮投降曹操有功，被曹操辟为丞相掾属，留在了曹操身边。

曹操收复荆州后，大批避难荆州的文士转而投向曹操，成为曹操的谋士，为曹操所用。王粲、杜袭虽然与和洽一样同时留在曹操身边，经常陪同曹操出行，但受到的礼遇却不及和洽。建安十八年（213年），曹操进位魏王，设置尚书、侍中和六卿，荀攸为尚书令，凉茂为仆射，毛玠、崔琰、常林、徐奕、何夔为尚书，王粲、杜袭、卫觊、和洽为侍中。和洽由此成为曹魏集团的重要人物。

当时曹操令尚书毛玠和崔琰主持选举，选拔的人都是清正之士。有些人虽然享有盛名，但如果名不副实，照样得不到提拔重用。曹操崇尚节俭，他们选人用人也崇尚节俭，因此，天下士人皆崇尚节俭，就连那些富家大族和贵宠之臣的车马衣服，也都不敢太过华丽。曹操见了，感慨道："我使用人才如果都像这个样子，让天下之人都自我约束，我就什么都不用做了啊！"然而，由于毛玠选人用人过于崇尚节俭，认为朝廷官员穿新衣、乘好车就不清廉，而那些破衣烂衫、不尚雕饰的人则被称为清廉，弄得朝中官员只好故意损坏衣服，把华丽的车子藏起来。一些朝廷大员为了给人清廉的形象，甚至自带盒饭上朝。目睹这种情况，和洽以为有些矫枉过正了。于是上书直言其弊，认为治理天下贵在制度和人才，而设立制度，整齐风俗，不能偏执，贵在中庸，只有中庸才可以持久。一味崇尚节俭，就容易矫枉过正，使得人们为了节俭而不得不掩饰自己，委屈自己，甚至弄虚作假，就有些不通人情了。针对朝中政务和军国大事，和洽也多次上言。和洽等人曾经议论恢复肉刑，却是议而不决，没有结果。曹丕代汉献帝自立，和洽任光禄勋，封安城亭侯。魏明帝即位，和洽进封西陵乡侯，邑二百户。太和年间，和洽转为太常。和洽虽然反对毛玠、崔琰一味崇尚节俭，但他生活十分俭朴，自甘清贫，并能持续坚守。和洽不仅节俭，而且十分清廉，以至于最后竟然需要卖掉家里的土地和宅院来维持生活。魏明帝得知后，特意赐一些谷物和布匹来接济和洽。和洽去世后，朝廷赐谥号简侯，突出了和洽俭朴的个性特征。

纵观和洽的一生，自得许劭奖掖之后，声名扶摇直上，仕途上一路走来比较顺利。尤其是归顺曹操之后，和洽牢记为臣的本分，见有不平之事，敢于犯颜直谏，且始终不改其耿直的性格。曹操称魏王之后，曾经出现了所谓的毛玠诽谤曹操事件。曹操当时十分恼怒，要治毛玠的罪。慑于曹操的威势，朝中大臣没有人敢站出来为毛玠申辩，只有和洽挺身而出，他认为"玠素行有本"，不会做出诽谤丞相的事情，希望曹操"案实其事"，然后再作处理，不要在事实搞清楚之前，就轻易治毛玠的罪。他反复据理力争，毫不退让。最后，曹操借口"方有军事，安可受人言便考之邪"，才算把这件事按了下去。曹操有"乱世奸雄"之评，是不会轻易认错的。但由于和洽据理力争，坚持必须搞清事实才能治毛玠的罪，而所谓的毛玠诽谤曹操，是很难找到证据的，所以，曹操只好以"安可受人言便考之邪"这样的话来为自己辩护。这可视为曹操另一种形式的认错。和洽归顺曹魏集团之后，虽然享封侯之荣耀，食邑二百户，但从他的生活状况来看，他并没有接受食邑之地百姓的供奉，不然的话，他的生活当不至于如此清苦。和洽生活节俭，安贫乐道。从他后来不得不卖掉自己的土地和宅院维持生计来看，他的清贫不是做样子。像和洽这样清廉的人，真正是为官一世，两袖清风，堪称为官者之典范。许劭在和洽身份低微的时候，能够奖掖和提拔他，也许看重的正是这样一种品格。从这个意义上说，和洽没有辜负许劭当初对他的提携和鼓励。

三、奖掖乡党重德才

和洽与樊子昭留下来的文献资料相对多一点，可以看出他们的人生轨迹与许劭的提携之间存在着某种必然联系，而更多的由于受到过许劭的奖掖和提携，在当时享有一定的知名度，甚至因此成为汝南名贤的乡党，由于留下来的文献资料太少，无法对他们作详细介绍，更无法对他们的一生作出较为详细的描述，仅仅知道他们大多数是从卑微的身份地位得到提携和奖掖，并因此而成为知名人物。"汝南六贤"之中的虞承贤、李叔才、郭子瑜和杨孝祖，就属于这种情况。

虞承贤，汝南人。他原来只是旅店里的一个店小二，也就是今天所说的宾馆服务员。很幸运的是，许劭在旅店里发现了他，并在"月旦评"中给予褒奖，虞承贤因此而广为人知，名声大震，成为"汝南六贤"之一。这就是《世说新语》所说的"出虞承贤于客舍"。许劭提携虞承贤，还有另外一种说法，即《汝南先贤传》中所说的"出虞永贤于牧竖"。牧竖，就是牧童的意思。若如此说，早在虞承贤还是一个放牛娃的时候，就有幸被许劭发现。许劭通过观察和交谈，发现孩提时期的虞承贤很有发展潜力，于是就在"月旦评"中给予褒奖，让人们认识了这个自幼就不同凡俗的人物。这种慧眼识才的本领，正是许劭超乎他人的地方。

李叔才，汝南人。他原来是乡里一介农夫，但很爱读书，以耕读持家。在躬耕于垄亩、默默无闻的时候，许劭一个偶然的机会发现了他，并在"月旦评"中对他进行奖掖。李叔才因此由一介农夫而扬名乡里，成为"汝南六贤"之一。《汝南先贤传》称许劭"召李叔才乡间之间"，所谓"召"，有"召唤"的意思，也有"召见"的意思。由此可见，李叔才应是许劭在"月旦评"中发现的乡间人物，而在许劭出任汝南郡功曹的时候，起用了李叔才。如果不是许劭的奖掖和大胆提拔，李叔才很可能老死乡里而无人知晓。

郭子瑜，汝南人。在得到许劭的奖掖之前，郭子瑜只是一介小吏。在中国古代，官与吏有很大区别。官员是纳入当时的封建体制，并享受国家俸禄的人，就是人们所说的"吃皇粮"的人。吏则是官员雇用或聘任的办事人员，为官员服务，并在官员的节制下管理相应的事务，其薪俸则由聘用他的人支付。郭子瑜原来只是一个负责鞍马事务的小吏，因得到许劭的提携而身价倍增。《汝南先贤传》中说许劭"擢郭子瑜鞍马之吏"，亦应是许劭为汝南郡功曹时，把时任鞍马小吏的郭子瑜提拔了起来。而郭子瑜也由此步入仕途，并成为"汝南六贤"之一。

杨孝祖，汝南人。生平不详，仅知他和虞承贤等人一样，是得到许劭的奖掖而闻名于当时，并成为"汝南六贤"之一。《三国志文类》所载《谢子微称许劭》一文，称许劭"援杨孝祖，举和阳士"。由此可知,许劭应是在"月旦评"时对杨孝祖有过赞誉,任汝南郡功曹时,可能提拔过杨孝祖。

除被称为"汝南六贤"的樊子昭、虞承贤、李叔才、郭子瑜、杨孝祖与和阳士等人因得到许劭的奖掖和提携而成为汉末知名人士外,更多的汝南人物则是因为许劭在"月旦评"中给他们以肯定或褒扬而扬名乡里,从而走出汝南这片土地,成为汉末士人群体的一员。在许劭褒扬和奖掖的乡贤中,和洽是在仕途上取得成功的代表性人物。和洽从避难荆州,到归顺曹操,身历曹操、曹丕和曹叡三代,官职从侍中做到尚书令,并享受封侯之尊荣,为曹魏政权的建立和发展做出了重要贡献;他的儿子和逌,在曹魏时期官至吏部尚书,主持人才选拔任用,可谓官高位显;他的孙子和峤乃是西晋名臣。晋武帝时,和峤崭露头角,在治国理政方面显示出非凡的才能,当时就有"朝野许其能整风俗,理人伦"[①]的评价。和峤深得晋武帝的信任,出任中书令。按照当时的规矩,上朝的时候,中书令和中书监同乘一辆车。但是,和峤鄙夷中书监荀勖的人品,不愿和他同乘一辆车,每次上朝的时候就独自昂首乘坐一辆车,不给荀勖预留地方,弄得荀勖无法乘坐,只好另乘一辆车上朝。于是,从和峤开始,中书令和中书监上朝时分别乘车便成为新的规矩。和峤还很孝顺,为父亲守丧期间,他睡苦席,喝米粥,量米而食,不多进一点食物,以至于损伤了身体,被称为"生孝"(仅仅保持基本生存条件的孝顺)。至于樊子昭,虽然在政治上没有什么建树,但在道德修养、为人处世和遵守社会公序良俗等方面,却是人们学习的楷模,终其一生,没有什么可以让人说三道四的事情。樊子昭一生能够如此,也算是不辜负许劭的奖掖和提拔了。

当然,许劭主持的"月旦评"惠及的汝南人士还有很多。裴松之为

---

① [唐]房玄龄等撰:《晋书》卷四十五,中华书局,1996年。

《三国志》作注所引《汝南先贤传》，对许劭奖掖和提携乡党有这样一段评论："其余中流之士，或举之于淹滞，或显之乎童齿，莫不赖劭顾叹之荣。凡所拔育，显成令德者，不可殚记。"在清议左右舆论的东汉末年，许劭在出任汝南郡功曹的时候，主持"月旦评"，对乡党和天下人物进行评论。许劭当时正是意气风发之时，在汝南一隅，指点江山，激扬文字，对当时的社会产生了重大影响。那些经许劭"月旦评"评点过的汝南人物，他们的发达，他们取得的成就，以及他们获得的荣誉，都和许劭的奖掖和提携有直接关系。至于那些因得到许劭的褒奖和提携而成为对社会有用甚至成为功名显赫的人，就更加数不胜数了。

许劭的"月旦评"不仅把许许多多的乡党推上了汉末政治舞台，使他们在风云际会之时大展身手，而且让人们通过"月旦评"记住了汝南，也记住了出自汝南的先贤。

许劭之于汉末汝南乡亲，功莫大焉！

作为汉末清议的领袖人物，许劭凭借他所主持的汝南"月旦评"，品评天下人物，令许多名不见经传的人物脱颖而出，甚至成为时代的弄潮儿和社会的幸运儿，成为汉末的风云人物。正是由于"月旦评"的广泛影响力，许多人都想得到许劭的一句嘉奖或美评，以求能够在社会上站稳脚跟，在仕途上有更大发展，在百姓心目中有更好的口碑。有的人为了求得许劭一句褒扬的话，处心积虑，煞费苦心，甚至不惜动用武力，恃强要挟。曹操就是这样一个人。在许劭品评过的人物中，对曹操的评价最富戏剧性，其对曹操"治世之能臣，乱世之奸雄"的评价也最广为人知。

一、少年曹操无品行

曹操，字孟德，一名吉利，小字阿瞒，沛国谯郡（今安徽亳州）人。陈寿《三国志》说他是西汉初年丞相曹参的后人。曹操的父亲曹嵩，是中常侍曹腾的养子。曹腾是宦官，没法结婚生子，就抱养了一个孩子，取名曹嵩。但曹嵩是从何处抱养的、抱养的是谁家的孩子，已经无从考究。有人说，曹嵩是夏侯氏的后人，夏侯惇的叔父。汉桓帝时，曹嵩曾任司隶校尉。灵帝时，曾任大司农、大鸿胪，后官至太尉，位居三公，是曹参之后曹姓官职比较高的一个人。汉末战乱的时候，为躲避黄巾军，曹嵩逃到琅邪避难。兴平元年（194年），曹操派人接父亲回谯郡居住，途经泰山时被人劫杀。如果曹嵩如人所说是夏侯惇的叔父，那么，曹操与夏侯惇应该是堂兄弟。据《三国志》记载，夏侯氏和曹氏，世代通婚，所以，夏侯惇、夏侯渊与曹仁、曹洪、曹休、曹真等都是亲戚。曹腾无子，抱养世代通婚的夏侯氏之子作为养子，也说得过去。此说倘可成立，则曹操应该是夏侯氏的后代。

曹操小时候就非同寻常，十岁的时候，有一次在谯水中洗澡，忽然有一条大蟒蛟来袭击他，曹操奋力与蟒蛟搏斗，终于把蟒蛟逼退，潜水而逃。上岸之后，小玩伴看见一条大蛇，吓得慌忙逃跑。曹操笑着说："我遇到蟒蛟袭击都不害怕，你们看见一条蛇就逃跑，这也太没有胆量了吧！"众人细问究竟，才知道曹操与蟒蛟搏斗的事，于是都大为感慨。少年时期的曹操喜欢斗鸡走狗，翻墙越户，行为放荡，游手好闲，不务正业。史家评论说，曹操"少机警，有权数，而任侠放荡，不治行业，故世人未之奇也"。言外之意，曹操小时候虽然很机警，又很有计谋，但他行为放荡，不往好处学，没有人看好他。叔父看曹操不务正业，在邪路上越走越远，就对曹嵩说起曹操飞鹰走犬的事儿，曹嵩也很是担心。有一次，曹操在路上遇见叔父，就假装中风了，眼歪鼻斜，面部抽搐，口水乱流。叔父问他是怎么了，曹操说是突然中风才成这个样子。叔父见情况严重，就急忙跑去告诉曹嵩。曹嵩非常担心，跑过来看儿子到底怎么了。可是，见面之后，曹操却是一切正常。曹嵩问曹操："叔父说你突然中风了，现在看来一切正常，难道已经没什么事情了吗？"曹操回答说："我本来就没有中风，只是因为惹叔父不高兴了，所以他才故意说假话欺骗你。"自此，曹嵩开始怀疑弟弟说曹操的一些话语，弟弟再对他说曹操干什么坏事，他都不再相信了。曹操略施小计，就骗过了父亲，因此越发骄纵，更加肆意而为。上述一些故事皆非正史记载，可信度有多大，真的很难说。但从这些故事中，至少可以窥见少年曹操有勇力，有心计，而且确实游手好闲，做事较少顾忌。

曹操和袁绍年龄相仿，二人一为宦官之后，一出身汝南官宦世家，小时候随父辈在洛阳居住，常常在一起玩耍，可谓臭味相投。二人都有游侠之气，喜欢做一些类似游侠的事情。据《世说新语》记载，有一次，二人偷偷看人家娶新媳妇，悄悄地潜入主人家的园子里藏起来，到了半夜的时候，忽然大声喊叫："有小偷！"主人家听到喊声，都急忙起来，查看小偷在哪里。曹操于是抽出利刃，潜入新媳妇的屋子里，把新媳妇劫了出来，与袁绍一起逃跑。不料由于天太黑，迷失了道路，二人竟然逃到了荆棘之中，袁绍被荆棘绊住，一时无法脱身。曹操担心二人被抓，但又不想扔下袁绍不管，于是急中生智，大喊道："小偷在这里！"袁绍害怕被抓，情急之下，连滚带爬逃出了荆棘丛，二人因此得以逃脱。还有一次，曹操私自进入中常侍张让的宅院，张让发现有人进来，以为来人图谋不轨，就抄起画戟在院子里追赶。曹操见势不妙，不敢久留，慌忙翻墙逃跑了。曹操小时候不知天高地厚，做事情无所顾忌，而且很有心计，力量又很大，很多人都奈何他不得。

二人既然能够一起去劫持新媳妇，说明他们绝非泛泛之交。然而，有一件事情却让二人反目成仇。据《世说新语》记载，袁绍青春年少之时，曾经派人夜里去行刺曹操。不知怎么回事儿，这事被曹操预先知道了。曹操很机灵，轻松地躲过了一劫。原来，刺客身材较高，曹操料定其掷剑的位置也会高一些，于是就平躺在床上。刺客掷剑刺的时候，剑果然刺高了，曹操因此躲过了一次暗杀。有人认为，二人之间的矛盾就是从这次暗杀开始的。这件事情出自稗史，可信度不高。曹操和袁绍年龄相仿，又自小就在一起干些偷鸡摸狗的勾当，在进入官场之前，二人没有根本的利害冲突，为何会互相仇杀？所以，刘孝标注《世说新语》，对此提出疑问："自斯以前，不闻仇隙，有何意故而剚之以剑也？"曹操和袁绍年龄接近，又都出自官宦之家，小时候有相似的经历。汉末大乱时，二人由儿时之友，到董卓之乱中共同讨伐逆贼，携手打天下，可以说是曾经患难与共。初平元年（190年），袁绍矫诏讨伐董卓，各路诸侯共推袁绍为盟主，曹操以奋武将军的身份参与讨伐董卓。汉献帝建安元年（196年），曹操挟汉献帝迁都许县（今属河南许昌），挟天子以令诸侯，与时任冀州牧的袁绍之间产生了矛盾，并逐渐公开化。袁绍拥兵自重，想迁都鄄城，距离邺城近一些，遭到曹操拒绝。汉献帝任命袁绍为太尉，袁绍以位居曹操之下为耻，说："曹操多次遭遇必死之险境，都是我出手救了他。如今曹操背信弃义，想挟持天子来命令我吗？"不愿接受太尉之职。曹操此时羽翼尚未丰满，不敢得罪袁绍，于是就把大将军一职让给袁绍，汉献帝并封袁绍为邺侯。但从此开始，曹操与袁绍皆视对方为对手，相互对峙，势不两立。

从有关文献记载来看，少年曹操是一个不安分的人，一个有心计的人，一个肆意妄为无所顾忌的人。这样的人生逢乱世，如果天假其便，是很可能有一番作为的。可惜，人们对少年曹操并不看好。曹操不像袁绍那样出身名门，很早就为人所知。桓灵之世，曹操还是一个默默无闻的人，没有多少人看好他。为了能够在汉末大乱中做出一番伟业，曹操也是想尽了办法，包括寻求当时的知名人士桥玄、何颙等人的帮助。但真正让曹操挂心的则是许劭，因为许劭是当时天下清议领袖，他的人物品评对所评人物具有举足轻重的作用，可以说是一言成之，一言败之。曹操后来能够取得成功，与许劭的品评有密切关系。

二、胁迫许劭作点评

从小时候的表现来看，曹操也就是一个顽皮的孩子。其虽有劣行，但都是孩提时期的事情。年少轻狂，做出一些出格的事情，情有可原。但是，在汉末那样一个清议之风盛行的时代，一个人如果品行有瑕疵，是很容易让人瞧不起的。所以，对于青少年时期的曹操，人们并没有给予太多的关注，也很少有人认为曹操有什么与常人不同的地方。当时，只有太尉桥玄和大将军长史何颙对曹操另眼相看。桥玄曾经对曹操说："如今将要天下大乱，不是能够驾驭这个时代的人物，就不能安定天下。能够安定天下的人，大概就是曹公吧！"南阳何颙乃天下名士，善于识人。何颙为董卓长史时，曾经与王允、荀爽等谋诛董卓，后因荀爽病故，何颙则因事被董卓囚禁，最后忧愤而死。何颙当初见到曹操时，深有感慨地说："汉家天下就要灭亡了，能够安定天下的，大概就是曹操这个人吧！"但是，这个时候的曹操还是一个无名之辈，还没有表现出特别的才能，所以当时很少有人知道他。桥玄慧眼识才，又爱惜人才，料定曹操将来肯定会出人头地，有一番大作为，就把妻子老小托付给曹操，说："我老了，不可能有什么作为了。今后的天下，就是你们的了。今后，请你照顾老朽的妻子老小。"他为曹操出主意说："你现在还没有什么名气，可以去汝南多和许子将交往。许子将就是许训的侄子，你可以去找他。"许训及其子许相当时是朝中大臣，多次请许劭去洛阳做官。由于许训和许相诣媚宦官，人品极差，许劭不想和他们打交道，一次又一次拒绝了他们的邀请，明确与其划清界限，坚持在汝南平舆主持"月旦评"，通过这种方式来影响当时的社会。太尉桥玄的这番话，意思非常明白，就是要曹操走捷径，借力当时的清议领袖许劭。

曹操是一个非常聪明的人，一点就透，于是就去汝南拜访许劭。见到许劭之后，曹操直言相问："您以为我是怎么样一个人呢？"许劭对曹操也有所耳闻，他看不上曹操的品行，不想搭理他，就没有回答。曹操清楚地知道许劭作为清议领袖，其评价可以将一个人捧上天，也可以让一个人跌入地。既然到了汝南，见到了许劭，就一定要请他评价几句。曹操见软的不行，就干脆来硬的，于是劫持了许劭，逼许劭对他作出评价。许劭无奈之下，对曹操说了两句话："子治世之能臣，乱世之奸雄。"曹操闻言大喜，立马放了许劭，高高兴兴地离开了。从这两句评价来看，许劭很推崇曹操的才能。他的意思是，曹操才能冠绝一时，如果逢上天下大治，那么，就可以尽其所能为天下所用；如果赶上乱世，曹操利用其智谋才能，则可以称雄于世。

曹操去汝南拜访许劭之事，发生在汉灵帝中平年间。司马光《资治通鉴》和郝经《续后汉书》，都在中平年间叙及此事。这个时候的曹操已过而立之年。古人有三十而立之说，是说人到了三十岁的时候，就应该有所成就。可是，这个时候的曹操不仅没有建立什么功业，而且连建功立业所需要的起码的知名度都没有。对于有远大志向的曹操来说，心里怎么会不着急？他选择劫持许劭，逼他对自己作出评价，其实也是无奈之举。但无论如何，曹操的目的达到了，而且，从他"大喜而去"这一表现来看，许劭的评价出乎他的意料。汝南之行，他是满怀希望而去，大喜过望而归，真可谓是收获满满。

在当时的情况下，曹操太需要许劭这样的清议领袖的好评了。他选择劫持许劭，逼迫许劭对他作出评价，是典型的霸王硬上弓。尽管许劭不喜欢曹操这个人，不愿对其置评，但在生命安全受到威胁的情况下，许劭还是对曹操作出了这样两句评价："子治世之能臣，乱世之奸雄。"这两句话虽然是在被逼迫的情况下说出来的，但鉴于许劭的远见卓识，以及许劭为人处世的基本态度，他是不会随便评价的。正因如此，他对曹操的这样两句评价，也成为后人对曹操的定评，这大概也是许劭始料不及的。

三、乱世奸雄是与非

不论曹操的发迹是否与许劭的奖掖之评有关，最终的事实是，曹操确如许劭所说，成为"治世之能臣，乱世之奸雄"。曹操二十岁那年被举为孝廉，出任洛阳北部尉。曹操一上任，就制造五色棒，悬挂在四个城门，每个城门悬挂十多根，凡是有违犯禁令的人，不论贵贱，皆用五色棒乱棒打死。曹操就任后几个月，汉灵帝宠幸的宦官蹇硕的叔父，夜里违犯禁令出行，就被曹操下令用五色棒打死。从此，京师的一些恶人都收敛了很多，再也不敢违犯禁令。宦官们因此对曹操恨之入骨，但又奈何他不得，于是都向汉灵帝进言，说曹操善于治理，于是就让曹操出京，到顿丘做县令去了。黄巾起义爆发后，朝廷征拜曹操为骑都尉，率兵讨伐颍川黄巾党羽，因功升任济南郡相国。当时，济南有十多个县的长吏阿谀攀附朝中贵戚，贪赃枉法，狼狈为奸。曹操不畏权贵，上书朝廷，详述他们的种种劣迹，罢免了其中八个人的官职，革除他们平日所制定的各种乌七八糟的东西。一些奸邪之人见势头不好，慌忙逃窜，济南郡从此安然。由此来看，许劭说曹操是"治世之能臣"，绝不是随便一说，而是在对曹操曾经的故事有所了解，对曹操这个人有所了解的基础之上作出的评价。从这个角度看，许劭言之不虚。

当然，更多的人记住的，是许劭对曹操的"乱世之奸雄"的评价。东汉自桓灵之世以后，整个社会乱日常多，治日较少。曹操生活在这样一个时代，正是大显"奸雄"身手的时候。曹操深知军队在乱世中的作用，知道自己掌握的兵马不多，初平元年（190年）与夏侯惇到扬州招兵买马，建立自己的队伍。初平三年（192年），曹操领兖州牧，参与剿灭黄巾军，追击黄巾军至济北，接受黄巾军降卒三十多万。曹操把其精锐组织起来，号称"青州兵"，从此不仅有了自己的班底，而且拥有了与汉末诸侯抗衡的实力。此后，曹操依仗"青州兵"，纵横捭阖于徐州、豫州、兖州等地，势力逐渐壮大。兴平二年（195年），天子拜曹操兖州牧。建安元年（196年），曹操采纳荀彧、程昱的建议，奉汉献帝都许之后，占据天时，挟天子以令诸侯，以天子之命征伐北方诸侯，惩治与他作对的臣子，在整个北方叱咤风云，纵横捭阖。曹操以摧枯拉朽之势，扫荡群雄，吕布、袁术、陶谦、张绣、袁绍等拥兵自重的豪强,一个个败在曹操手下。建安九年(204年),曹操攻占邺城之后,北方大局底定,基本形成统一之势。从统一北方的进程来看,曹操能够从小到大,由弱胜强,确实展示了乱世奸雄的本色。

建安十三年(208年)秋七月,曹操挥师南下进伐荆州。刘表之子刘琮面对北方来的大军,早已吓破了胆,于是就在王粲、杜袭、和洽等人的劝说下,举荆州之众投降曹操。当此之时,如果曹操发热的头脑能够稍微冷静一下,在荆州作一下战略休整,把荆州作为战略根据地,积极经略荆州,然后再顺江而下,夹江而进,讨伐东吴,则东吴将成为囊中之物。至于刘备,当时他羽翼未丰,既无立足之地,又无东吴作为战略呼应,曹操若想剿除刘备,只是举手之劳。可惜的是,曹操太想乘势拿下江东了,结果促成了刘备与孙权联手,导致了赤壁之战的大溃败,天下三分之势也由此形成。

从统一北方的战略举措和战役进程来看,曹操确实在乱世中发挥了他善于举贤和用才的特点,把许多文臣武将笼络到自己身边。他多次要求大臣们举荐人才,为国家所用。在平定荆州之后,天下人才之盛,莫若曹操的大本营邺城和天子所居之许都。所以,古往今来,许多人结合曹操一生的所作所为,都认为许劭评价曹操的这两句话切中肯綮,可谓确论。

但是,也有人不这么认为。明人方孝孺在其《逊志斋集》中谈及许劭,认为许劭对曹操的评价是在遭到曹操劫持的情况下被迫说出来的,所谓"余意劭特畏其劫,而阳为好言以悦之耳"。他认为,所谓的"能臣",应该是坚守正义,以道事君,应该把忠于国家和成就事业作为自己的职守,至于个人的福祸得失、是否能够升迁、是否会遭到贬斥等,则都不应在考虑之列。三国时期的诸葛亮和唐朝的郭子仪,大概就是这样的人。他们受命于国家危亡之际,在退隐赋闲的时候被赋予重任,建立了盖世伟功,却能够不居功自傲,让君主没有功高震主的威胁,因而也不会遭到别人的嫉恨。因为他们出山辅佐明主的时候，本来就心怀忠诚，一心一意为国为君，而没有丝毫的个人私利，所以，他们上能够让君主安心放心，下能够受到百姓的欢迎。至于曹操，则是以权变奸诈作为智慧，以巧饰诡谲作为谋略，把杀人藏在嬉笑之后，把猜忌隐于简略之间。曹操以此来侍奉君主，统率部下，处理各种事情，除了奸诈与诡谲，就没有比这更重要的了。这样的人，怎么能够称得上治世能臣？应该说是乱臣贼子。曹操有什么样的德行，能够称得起这样的评价？许劭虽然说出了这样的话，但是因为遭到曹操劫持才说的，所以，他的话并不是针对曹操说的。

方孝孺这样的怀疑不是没有道理。在一个人的生命受到威胁的时候，说的话不过脑子不走心，可能并非真话，是不可信的。但是，分析曹操成名之前桥玄、何颙和许劭三人对曹操的评价，基本倾向是一致的。桥玄当时任太尉，在识人用人方面，应该有其独到之处。他认为曹操乃命世之才，评价不可谓不高；何颙善于识人，也认为曹操不是寻常人物。而许劭对曹操的评价虽然是在胁迫下作出的，可能并非出于深思熟虑，但以许劭的品格，以及他不慕权贵，不屈服于权势的诸多经历来看，应该不会轻易屈己从人。另外，曹操在汝南地面劫持许劭，应该是暗中所为，既不可能与他的好友袁绍一道，也不可能让汝南士人知晓，否则的话，他公然劫持当时天下清议领袖，一旦传扬出去，就声名狼藉了。所以，曹操劫持许劭，很可能是把许劭软禁在某一偏僻之处，而不是使枪弄棒，对许劭来硬的。在这种情况下，许劭为了求得自由，对曹操评价几句，也是非常可能的。倘如此，那就不是情急之下说出来的话，而是经过一番思考的，否则，其评价也不可能如此中肯恰贴。

桥玄、何颙认为曹操不是寻常人物，看重的是他的才能。许劭不愿对曹操作出评价，是鄙夷曹操的人品。但并不能因此认为许劭否定曹操的才能。人品与才能是两个评价标准。曹操用人，唯才是举，不大看重品行，尤其是在汉末战乱之时，许多像诸葛亮那样的人才，虽苟全性命于乱世，但大多隐身世外，不愿出来做官。所以，曹操挟天子以令诸侯之后，曾三次颁布求贤令[①]。建安十五年（210年），曹操颁布《求贤令》，表达了求贤若渴的心情："若必廉士而后可用，则齐桓其何以霸世！今天下得无有被褐怀玉而钓于渭滨者乎？又得无盗嫂受金而未遇无知者乎？二三子其佐我明扬仄陋，唯才是举，吾得而用之。"曹操以"被褐怀玉而钓于渭滨"的吕尚代指隐居的贤才，以"盗嫂受金而未遇无知"的陈平代指有道德缺陷的人才，表明了唯才是举的基本态度。在曹操看来，有德行的人未必愿意出来做官，而愿意出来做官的人未必有德行，所以，他在建安十九年（214年）颁布的《举士令》中明确说："夫有行之士未必能进取，进取之士未必能有行也。陈平岂笃行，苏秦岂守信邪？而陈平定汉业，苏秦济弱燕。由此言之，士有偏短，庸可废乎！有司明思此义，则士无遗滞，官无废业矣。"建安二十二年（217年），曹操发布《举贤勿拘品行令》，再一次表达了唯才是举的原则："昔伊挚、傅说出于贱人，管仲，桓公贼也，皆用之以兴。萧何、曹参，县吏也，韩信、陈平负污辱之名，有见笑之耻，卒能成就王业，声著千载。吴起贪将，杀妻自信，散金求官，母死不归，然在魏，秦人不敢东向，在楚则三晋不敢南谋。今天下得无有至德之人放在民间，及果勇不顾，临敌力战；若文俗之吏，高才异质，或堪为将守；负污辱之名，见笑之行，或不仁不孝而有治国用兵之术：其各举所知，勿有所遗。"只要是人才，哪怕他"负污辱之名，见笑之行"，甚至是"不仁不孝"，在曹操看来，都是无所谓的。桥玄、何颙推重曹操，同样也是基于对曹操异于寻常之才的肯定，而对曹操的德行则没有作过多的要求。许劭则不然。他是清议领袖，他褒扬或举荐的人，不能有道德上的

[①] 下引曹操三道求贤令，俱见《魏武帝集》。

瑕疵，所以，他评价人物，首先看重的是这个人的德行和操守，然后才是其能力。曹操既然道德上有瑕疵，他也就不想评价。然而，在他遭到劫持，不得不对曹操进行评价时，他只是对曹操的才能进行评价，而对其道德操守，则不置一词。这是无奈之举！

虽然如此，在时人对曹操的诸多评价中，最广为人知，也是影响最大的，还是许劭的评价。他的评价言简意赅，切中肯綮，甚为允当。所以，后人评价曹操，常常引用许劭的评语。这并不是因为许劭乃是当时的清议领袖，更不是因为许劭的身份地位，而是因为许劭的评价可以概括曹操的一生，尤其是曹操奉汉献帝都许之后，曹操占据挟天子以令诸侯这样的天时，其"乱世之奸雄"的本色，得到了淋漓尽致的发挥。所以，很多人认为，许劭对曹操的评价乃是千古定评。

纵是清议人亦畏

许劭作为汉末清议领袖，他对人物的评价可谓至关重要。许多已经进入仕途或准备进入仕途的人，都想得到许劭的正面评价。正是因此，曹操才甘愿冒着触犯众怒的风险，偷偷劫持许劭，逼他对自己作出评价。当然，像曹操这样有如此胆略又敢于走极端的人毕竟只是少数，更多的人对许劭则是心怀敬畏，希望能够得到他的肯定性评价。即使没有好评，至少不能有差评，否则的话，那就真的没法在当时的社会混了。所以，当时的士人，甚至包括一些成名人物，都对许劭心存敬畏，害怕许劭对他们作出不利的评价。较为典型的就有袁绍和刘繇。

一、豪门公子袁本初

袁绍，字本初，汝南汝阳（今河南商水县西北）人，出身于四世三公的汝南袁氏之家。袁绍的高祖父袁安，为汉司徒，是汝南袁氏的创基之祖，曾以"袁安卧雪"的故事名扬天下。袁安任楚郡太守的时候，负责审理楚王一案，经过他的审理，有四百多人得以昭雪，袁安因此而成为人们敬重的名臣。祖父袁汤官至司徒。父亲袁成曾任五官中郎将。叔父袁逢、袁隗皆曾位居三公。汝南袁氏自袁安至袁隗，四世三公，势倾天下，声名远扬。袁绍出身于豪门，但很小的时候死了父亲，是母亲和叔父袁逢、袁隗等人把他拉扯大的。但是有汝南袁氏这样一块金字招牌，袁绍在青少年时期并没有受什么苦，还很顺利。袁绍英俊潇洒，风流倜傥，喜欢结交朋友，好为游侠之事。袁绍与东平张邈，南阳何颙、许攸等一班人相友善，相互推重，常常不顾路途遥远，相互拜访，共同游乐。袁绍虽然喜欢结交，却"不妄通宾客"，不是随随便便什么人都可以和他交往的。王粲《英雄记》说袁绍"非海内知名，不得相见"。从袁绍年轻时结交的人物来看，的确都不是泛泛之辈。如曾经一同劫持新妇的曹操、视为畏友的许劭、善于识人的何颙、精于谋略的许攸等人，都是汉末了不起的人物。

由于家族的关系，袁绍弱冠之年就被任命为濮阳令。在濮阳令任上，袁绍的母亲去世了，按照当时的惯例，袁绍辞官为母亲守孝三年。三年之后，他感念自幼丧父，那时年龄尚小，没有为父亲守孝，于是接着又为父亲守孝三年。为父母守孝六年之后，袁绍才赶赴京师，开始了广泛结交天下名士的京师隐居生涯。

小隐隐山林，大隐隐朝市。当时的袁绍只有二十多岁，出身名门，又刚从濮阳令任上去职不久，对为官没有太大的兴趣，于是，就在京师洛阳做起了大隐。他居于京师洛阳，有叔父袁逢、袁隗的庇护，衣食无忧，遂专心与名士结交，人缘非常好。当时的朝中官员，自大将军梁冀以下，都和袁绍私交甚好。袁绍出身名门，广纳名士。对待名士，他不分贵贱，不论高低，皆能够推心置腹，既不摆架子，也不以出身名门自居。所以，天下文士都愿意与袁绍交往，甚至于车马相接，道路相望，门庭若市。史家曾这样形容当时士人争相与袁绍结交的盛况："莫不争赴其庭，士无贵贱，与之抗礼，辎軿柴毂，填接街陌。"[1]袁绍虽无官职，却是名震京师，以至于京师士人提起袁绍，无人不知，无人不晓。袁绍这样做，实际上是广交朋友，以扩大自己的声望，为自己日后在仕途上发展打好基础。但是，袁绍这种做法惹得宦官们很不高兴，中常

---

[1] [宋]范晔：《后汉书》卷七十四上，中华书局，1965年。

侍赵忠向朝廷告状说:"袁本初在京师居住,沽名钓誉,喜欢养敢死之士,不知这个孩子想干什么。"他的叔父袁隗此时官居太傅,听到这个消息之后,把袁绍叫过来,痛骂了一通,质问袁绍说:"你这样做将害了我们袁家啊!"袁绍一笑了之,一切照旧。不过,为了打消宦官们的顾虑,袁绍答应出来做官,出任大将军何进掾属。中平五年(188年)初置西园八校尉,袁绍出任佐军校尉。汉灵帝去世后,袁绍出任司隶校尉,负责监督和纠劾朝中大臣与皇亲国戚,以及司隶所属河南、河内、河东、弘农、京兆、冯翊、扶风等七郡的官员,位高权重,炙手可热。

鉴于桓灵之世宦官弄权,干预朝政,对东汉政权形成致命威胁的现实,大将军何进在汉灵帝去世后,不听袁绍的劝阻,召西凉董卓进京,胁迫太后诛杀宦官,不料谋事不密,反被宦官杀害,汉朝宫室于是大乱。袁绍以司隶校尉之职,起兵诛杀宦官以及由宦官任命的河南尹许相等人。董卓的势力乘机坐大,欲行废立之事,废少帝刘辩,立陈留王刘协。朝中大臣慑于董卓的淫威,都不敢吱声,唯有袁绍挺身而出,抗辩说:"当今皇上正是盛年,天下之人都没有听说他做过什么坏事。您如果违背礼义,按照自己的好恶,擅自废黜嫡长,另立庶出为帝,恐怕难以服众。"董卓听了,一手按剑,呵斥袁绍道:"你小子怎么敢这样!天下的事情,我说了算。我想做什么事情,谁敢阻拦!"袁绍不惧董卓淫威,说:"这是国家大事,应请出太傅,与他一起商议。"袁绍的叔父袁隗此时任太傅,故袁绍有此说。董卓闻言,越发嚣张,威胁要杀袁绍。袁绍勃然大怒,说:"天下康健的人,岂只有你董公一人!"说罢,横刀而出,把符节悬挂在上东门,扬长而去。此时的袁绍以国家社稷为重,不惧董卓淫威,还真有一些豪侠之气。

董卓知道汝南袁氏门生故吏遍布天下,很有势力,不想彻底和袁绍闹僵,就任命袁绍为渤海太守、邟乡侯。初平元年(190年),袁绍以渤海太守的身份号召天下诸侯,起兵讨伐董卓。各路诸侯在酸枣盟约,公推袁绍为盟主。袁绍欣然接受，自任车骑将军，领司隶校尉，会合各路诸侯，共同讨伐董卓，后领冀州牧，平定了河北之地，势力日益强大。建安元年（196年），曹操奉汉献帝都许，挟天子以令诸侯，以袁绍为太尉，封邺侯，而自为大将军。袁绍耻居曹操之下，上表辞谢。此时，袁绍势力正盛，曹操暂时不想公开与袁绍决裂，就把大将军一职让给了袁绍。自此，袁绍与曹操分庭抗礼，但最终却被曹操消灭，其子孙被杀戮殆尽，甚至连儿媳妇甄氏也成了曹操的战利品，被赐予曹丕为妻。出身四世三公之家的袁绍，最后竟一败涂地，可为一叹！

二、顾及名望畏许劭

袁绍出身豪门，很讲究出身门第，也很顾及个人名望。在汉末那样一个特别重视出身门第的时代，名望就是金字招牌。名望高，影响就大；反之，如果是无名之辈，走到哪里都被人瞧不起。所以，袁绍年纪轻轻就很看重个人的名望和声誉。他广为接纳天下士人，并且像战国四公子那样喜欢养士，就是要通过这种办法广交天下朋友，发现那些对未来事业能够有所帮助的人，培植自己的势力。袁绍弱冠之年就能出任濮阳令，隐居洛阳的时候就为天下人所知，除了他有汝南袁氏这样豪华的出身背景，更为重要的原因就在于他善于结交朋友，注重个人名望。

出身名门，家境富裕，使袁绍自幼就养成了奢侈浮华、讲究排场的习惯。尤其是他弱冠之年出任濮阳令，更是许多士人想都不敢想的事情。这样的经历也进一步助长了袁绍的豪奢之风，他穿的是锦衣华服，吃的是山珍海味，坐的是驷马高车，睡的是雕床绣榻，出行则是前呼后拥，居止则是高朋满座。袁绍还特别喜爱女色，家中美女环绕，姬妾成群，是典型的花花公子。既有豪奢浮华的条件，又喜欢讲排场、摆阔气，袁绍自然是乐此不疲。但是，喜欢奢华和名望的袁绍，在主张简约朴素的许劭这位老乡面前，却是一点儿也拿不出豪门公子的派头，而是自觉地退避三舍，甘愿放弃豪奢，归于简朴。

据《后汉书·许劭传》记载，袁绍因母亲去世，主动辞去濮阳令，回故乡汝阳为母亲料理后事。遭遇大丧，袁绍本是哀恸不已。但是，喜欢排场的袁绍却丢不掉豪奢浮华的毛病，一路上前呼后拥，车马相随，浩浩荡荡。快到汝南郡边界的时候，袁绍忽然有所感悟，说："我这个样子的车马衣服，如此排场，如此奢华，怎么能够让许子将看见呢？"此时，正是许劭主持"月旦评"的时候。为了给许劭留一个好印象，也为了博许劭一两句好评，袁绍在快到汝南郡界的时候，遣散了一路陪同的车辆和随从，仅驾一辆装载着必需物品的马车，孤独落寞地回到了故乡。

袁绍害怕许劭看到他那声势浩大的场面，不仅因为许劭是当时的清议领袖，评价人物往往是知微见著，从小处看人，从大处评价，而且因为他和许劭是老乡，怕在乡党面前丢面子。中国古代士人很有家乡观念，一个人权力再大，地位再高，声望再隆，但一旦回到家乡，在家乡父老面前，就要放低身段，不能表现出趾高气扬、志得意满的样子，更不能有丝毫的得意忘形之举。衣锦还乡是很多人梦寐以求的，项羽成功之后，就曾感慨："富贵不还乡，如锦衣夜行，谁人知之？"可是，真是到了家乡，哪一个敢在家乡父老面前摆架子、耍威风？刘邦做了皇帝，回到家乡，也放下皇帝的架子，和老乡一起喝酒跳舞，歌唱"大风起兮"。这个道理古人懂，袁绍也懂。

许劭评价人物，丁是丁，卯是卯，不溢美，不隐恶。最为关键的是，许劭评价人物，更注重道德品格。道德虽然是抽象的，但它往往表现在具体事件中。如孝顺，一定表现为子女对父母和长辈的和颜悦色与尽心服侍；诚信，一定是一诺千金，表现为言必信、行必果；谦恭，则应表现为礼节周到而无倨傲之色，若谦谦君子。许劭评价人物，既然注重道德品格，那么，他就一定要看被评价人的行为与表现，所谓听其言，观其行。袁绍作为许劭的乡党，少年得志，刚及弱冠之年就出任濮阳令，在任期间崇尚豪奢，不减豪门大族公子哥的派头。这些事情都发生在距离汝南数百里之外的地方，许劭即使有所耳闻，但未必亲见。但是，一回到家乡汝南就不同了，所见者皆是乡党，有老者，有长者，有亲旧，有朋友，再有身份的人，也不敢在乡党面前趾高气扬，颐指气使，也不敢摆架子、弄排场，否则就会招致乡党的非议，甚至为乡党所不容。袁绍是准备干大事业的人，怎么会不明白这些道理？更何况，在家乡汝南，还有一个看重德行、注重俭朴的清议领袖许劭。所以，还没有到达汝南郡界，袁绍就很知趣地把众多的随从打发走了，以免让许劭看到或听到。袁绍一句"吾舆服岂可使许子将见"，已经流露出内心的秘密，表现出对许劭深深的敬畏。

只可惜，袁绍的这份清醒，这份警觉，并没有保持很久。自纠合十八路诸侯讨伐董卓、出任盟主之后，袁绍的势力迅速扩大，个人欲望也随之迅速膨胀。即使在曹操挟汉献帝都许之后，袁绍仍然是北方势力最强大的诸侯。这个时候的袁绍得意忘形，不可一世，骄纵轻敌，同时也为名望所累，最终败在曹操手下，成为汉末风云中的匆匆过客。

三、辅佐刘繇有奇谋

在许劭的一生中，刘繇是一个重要人物。刘繇，字正礼，东莱牟平（今山东烟台牟平区）人。其先祖为齐孝王的小儿子，封为牟平侯，其后人世代居于牟平，遂为牟平人。刘繇的祖父刘本是一位读书人，博览群书，精通经史，号为通儒。父亲刘舆官至山阳太守。伯父刘宠，字祖荣，曾任东平陵令、会稽太守，官至太尉，深得百姓爱戴，颇有政声。刘繇的兄长刘岱，字公山，历任侍中、兖州刺史。黄巾之乱中，刘岱与进入兖州的黄巾军决战，兵败被杀。刘繇自幼富有胆识，十九岁那年，他的堂叔父刘韪被贼人劫持，刘繇十分机智，采取偷梁换柱的方法把叔父救了出来，从此名声大震。后被举为孝廉，任下邑长。但因郡中贵戚当权，刘繇看不惯贵戚的做派，遂辞官而去。

刘繇是名副其实的帝王后裔，对刘汉天下存有很深的感情，看到不平之事，就要挺身而出。当时济南相是某个中常侍的儿子，贪污受贿，无恶不作。刘繇遂奏请朝廷，罢免了济南相。由于刘繇正直敢言，有人向青州刺史举荐刘繇，刺史一听就有点儿不高兴，说："前年刚举荐了刘公山（刘繇之兄刘岱），今年怎么能够再举荐他的弟弟刘正礼呢？"举荐者回答说："使君如果举荐公山在前，拔擢正礼于后，正所谓御二龙于长途，骋骐骥于千里，不也是很好的事情吗？"刚好这个时候朝廷征召刘繇为司空掾，并任命刘繇为侍御史。刘繇不愿为官，就全部拒绝了。当时青州大乱，刘繇为躲避战乱，逃到淮浦避难。朝廷又征召刘繇为扬州刺史，但扬州的州治当时在今安徽寿春，属于淮南之地。袁绍的堂弟袁术在淮南的势力很大，不许别人染指淮南。刘繇担心自己的安全，不敢去扬州赴任，就准备渡江南下，到江南避乱。孙策的部将吴景、孙贲得知消息，就迎接刘繇到曲阿（今江苏丹阳）。后来，袁术在淮南僭称帝号，派兵攻略周边地区。刘繇遣部将樊能、张英据守长江，防止袁术南侵。双方相持一年有余。这时，朝廷加授刘繇为扬州牧、振武将军。江东孙策应袁术之邀，进击刘繇，击败樊能、张英。无奈之下，刘繇逃到丹徒。汉末大乱中逃难至淮浦的许劭，在淮浦时就与刘繇相识，并跟从刘繇，成为刘繇的重要谋士。此时，许劭建议刘繇溯江而上，进取彭泽，而后遂据有豫章，在豫章谋求发展。刘繇听取许劭的建议，率军进取豫章，打败笮融，占据豫章。建安二年（197年），刘繇在豫章病逝，享年四十二岁。

刘繇出身皇室，血统纯正，是典型的帝王贵胄。他早在青少年时期就享有高名，在汉末之乱中有一定的号召力和影响力。虽然多次辞掉了朝廷的任命，但在国家危难之时，他最终还是愿意出来为国家分忧解愁，为国家效力。许劭为躲避战乱，曾携带家小逃至淮浦，在那里与刘繇相会，并依附刘繇，成为刘繇帐下的重要谋士。在刘繇奔走丹徒、夺取豫章等事件中，许劭曾经发挥了重要作用。据袁宏《后汉纪》记载，刘繇受到袁术的威胁时，曾经准备渡江逃往会稽。许劭分析当时的形势，对刘繇说："会稽确实是富庶之地，但孙策这个人早就觊觎那个地方了。况且，会稽地处海边，不是可居之地。不如往豫章去，那里北连豫州，西接荆州。如果在那里能够站稳脚跟，收拢当地的百姓和官吏，然后派遣使者向朝廷进贡，就可以与据守兖州的曹操互通信息。虽然豫章与兖州隔着袁术占据的淮南，但袁术这个人有豺狼之性，难以持久。阁下即日接受王命为豫章郡守，如果袁术敢进犯，兖州的曹孟德和荆州的刘景升一定会出兵救援。"许劭对当时天下形势的分析，可以说是知己知彼，尤其是对曹操、袁术、刘表的分析，甚为中肯。所以，刘繇听从许劭的建议，发兵进取豫章。于是，刘繇屯居彭泽，令笮融赴豫章，与豫章太守朱皓一起，讨伐刘表派来的太守诸葛玄。许劭以为，笮融其人不可用。如果用笮融去取豫章，一定会"将在外，君命有所不受"，不听刘繇节制，独断专行；而朱皓则是一个很有诚信的人，也容易相信人。所以，一定要让朱皓密切提防笮融暗中生事。事情的发展，皆如许劭所料。笮融到了豫章，杀死太守朱皓，自任豫章太守。刘繇于是进兵讨伐笮融，被笮融打败。刘繇再次召集属县人马，一起进击笮融。笮融兵败，逃入山中，被山民杀害。刘繇这才得以进据豫章。

自避难淮浦，依附刘繇，成为刘繇的谋士之后，许劭的命运就与刘繇紧密联系在一起。所以，每到关键时刻，许劭都要为刘繇出谋划策，帮助刘繇渡过难关。尤其是在进取豫章的决策过程中，许劭俨然成为刘繇的高级谋士，重要的事情不仅要参与，而且还要出主意，想办法。刘繇对许劭也较为倚重，说是言听计从，一点也不为过。

四、一方诸侯畏子将

刘繇是皇室贵胄，受朝廷之命出任扬州刺史。尽管当时天下大乱，扬州各地被豪强分割占领，但刘繇毕竟是皇帝钦命的一方诸侯，他守土有责，有责任也有义务收拾旧山河，恢复扬州的安定。所以，在曲阿站稳脚跟之后，他便谋划安定扬州。他有一同乡太史慈，从辽东来到曲阿，与刘繇相见，尚未离去。恰巧遇到孙策驱兵来攻曲阿。有人知道太史慈非常勇武，建议以太史慈为大将军，率军与孙策对垒。刘繇说："如果用太史慈为大将军，许子将岂不要笑话我？"于是就派了两个骑兵，随同太史慈去侦察敌情。巧合的是，太史慈在侦察途中与孙策相遇，孙策的随从有十三个骑兵，而且都是个顶个的名将，其中包括韩当、黄盖等人。太史慈立功心切，拍马上前，与孙策决斗。二人缠斗在一起，打得不可开交。后来，双方兵马赶到，才把缠斗在一起的孙策和太史慈分开。

结合太史慈一生的经历来看，太史慈是典型的猛将，与曹操帐下的典韦、刘备属下的张飞有些相似，以之冲锋陷阵，可与敌人决一胜负。但是，若以之为大将军，运筹谋划，指挥若定，决胜千里，就显然不太合适了。从他与孙策缠斗一事不难看出，太史慈就是一个冲锋陷阵的先锋，难以担当运筹帷幄的大将军之任。这是刘繇不用太史慈为大将军的原因之一。另一重要原因，是刘繇与太史慈是同乡。虽然有举贤不避亲之说，但太史慈先后在孔融、刘备等处谋求发展，始终处于所谓的"良禽择木而栖"的状态。再者，他刚刚到曲阿，寸功未建，就任命其为大将军，很难服众。许劭虽然因避难而依附刘繇，但他毕竟曾经是天下清议领袖，刘繇对许劭的清望和评价，不能不有所顾忌。一句"我若用子义，许子将不当笑我耶"，流露出刘繇复杂的矛盾心理。

一般情况下，一方诸侯是不会对一个士人表示畏惧的，哪怕只是些许的心理表现，也很少会出现。但是，在汉末清议之风盛行的时代，清议领袖有很大的影响力。如与许劭同时的李膺、郭泰等，都是当时的清议领袖，不同的是，李膺居于朝堂，郭泰、许劭属于草野。他们不仅在天下士人中影响很大，而且对朝政和官员都有很大影响，在民间也很有号召力。他们品核公卿，谠议朝政，评论士人，虽然只是清议，却有激浊扬清之功。许劭作为当时最为著名的清议领袖，他的影响力令许多权贵望而生畏，所以才会有袁绍进入汝南之境而遣散随从、刘繇用太史慈而畏惧许劭之言的情况发生。这样的事情只能发生在清议之风盛行的汉末，发生在清议领袖控制舆论导向的时代。从这个意义上说，许劭虽然在仕途上没有取得多大的成就，但能够令权贵对其清议生畏，其影响力可见一斑。

评点大佬重若轻

许劭评点过的人物，不仅有家乡才俊"汝南六贤"，还涉及汉末许多著名人物。除前面已经说到的陈蕃、陈寔、许训、曹操、袁绍、刘繇等声名显赫的人物之外，许劭还对颍川精英荀靖、荀爽兄弟，徐州刺史陶谦，曹操帐下重要谋士刘晔等人，作出过评点或评价，从中不仅可以发现许劭品评人物的重点所在，而且可以看出许劭评价人物的基本风格。

一、荀靖荀爽皆为玉

汝南与颍川毗邻，一条颍水把汝南与颍川联系在一起。东汉时期，两郡士人多有来往，尤其是清议之风盛行的桓灵之世，汝南和颍川人物相互呼应，相互提携，相互照应，以至于有人把两郡士人视为一体，有所谓"汝颍人士"之说。许劭作为汝南"月旦评"的主持者，对颍川人物颇为关注，他评点的颍川人物除陈寔之外，还涉及荀氏"八龙"中的荀靖和荀爽兄弟。

东汉时期，颍川大族林立，人才济济，英才辈出。其中最为著名的是陈氏、钟氏和荀氏。

陈氏从陈寔开始就声名远扬，陈寔之子陈纪、陈谌亦负盛名。陈纪之子陈群更是颍川陈氏的翘楚，曹操时任吏部尚书，封昌武亭侯，曹丕时任镇军大将军，录尚书事。他提出的"九品中正制"，成为魏晋南北朝时期重要的选官制度。曹丕去世时，陈群与司马懿、曹爽等同受托孤之重，为托孤重臣。其子陈泰是曹魏栋梁，曾任征西将军、尚书仆射，在对蜀汉的征伐中屡建奇勋。

颍川钟氏也是魏晋时期有名的世家大族。钟皓，字季明，颍川长社（今河南长葛东）人，为人温文尔雅，慎言笃行，精于经史，博学多闻，门生有一千多人，与定陵陈稚叔、颍阴荀淑齐名，为海内所宗，太学生领袖李膺评价说："荀君清识难尚，钟君至德可师。"其孙钟繇，字元常，是曹魏时期名臣，深得曹操信任，曹操与袁绍对峙的时候，令时任司隶校尉的钟繇镇守关中，把关中的事情全部委托给钟繇，说："关右平定，朝廷无西顾之忧，足下之勋也。"曹操称魏王后，任命钟繇为相国。曹丕即位，以钟繇为太尉，并把他与司徒华歆、司空王朗并称为"一代之伟人"。其子钟毓、钟会，皆是魏晋之际的风云人物。

堪与颍川陈氏一较高下的，则是荀氏。荀卿第十一世孙荀淑，字季和，颍川颍阴（今河南许昌）人。荀淑博学多闻，乃当世名贤，是李膺等人的老师。因为在朝上对策，讽刺贵戚，触怒大将军梁冀，被贬出京城，出任朗陵侯相。不久，荀淑即弃官归隐，闲居养志。六十七岁那年去世。李膺当时任尚书，上表朝廷，为老师守丧。荀淑在仕途上没有大的成就，但他的八个儿子荀俭、荀绲、荀靖、荀焘、荀诜、荀爽、荀肃、荀旉却非常有名，时人称之为"荀氏八龙"。荀绲官至济南相，荀爽则位至司空。荀氏当时居住在颍阴西豪里，苑康任颍阴令时，认为当初高阳氏有才子八人，"今荀氏亦有八子"，于是就把荀氏居住的西豪里改名为高阳里。

对于"荀氏八龙"中的荀靖和荀爽，许劭曾经作过评价。"荀氏八龙"中，荀靖和荀爽最为知名，所以有人就问许劭："荀靖与荀爽兄弟二人，哪一个更为贤明呢？"许劭回答说："二人皆玉也，慈明（荀爽字）外朗，叔慈（荀靖字）内润。"用今天的话说，荀爽外表爽朗，一看就是光明磊落之人；荀靖则是内秀，腹内有锦绣文章。荀靖十分孝顺，为人处世中规中矩，符合礼数。兄弟之间，讲究悌道，所以荀氏一门十分和睦。荀靖很有才能，太尉曾经想请他出来做掾属，荀靖没有答应。荀靖注重隐身修道，终身没有出去做官，因孝顺而闻名于乡里，五十岁那年去世。他去世后，有二十多位士人为他撰写诔文。颍阴令丘祯在荀靖死后，追赐其号为"玄行先生"，颍川太守王怀也追赐其谥号为"昭定先生"。

"荀氏八龙"中最著名的是荀爽。颍川郡当时就有谚语，称"荀氏八龙，慈明无双"。荀爽自幼好学，十二岁就能通读《春秋》和《论语》。太尉杜乔见了，大为称奇，认为荀爽"可为人师"。得到太尉的称赞，荀爽更为好学，一心一意研习经史，而乡里的红白喜事则一概不参加，朝廷征召他出去做官，他也一概推辞。汉桓帝延熹九年（166年），太常赵典以"至孝"的名目举荐荀爽，官拜郎中。荀爽赴朝廷对策，大讲一番孝道，随即扬长而去，什么郎中不郎中的，都不瞧在眼里。后来，荀爽遭遇"党锢之祸"，遂远逃至海上，又南逃至汉水之滨。荀爽在汉水之滨住了十多年，把研究经史作为职业，于是成为当世硕儒。"党锢之祸"解禁后，朝廷各个部门争相聘请荀爽出来做官。司空袁逢举荐荀爽。荀爽依旧没有应聘，却娶了袁逢之女为妻，在袁逢去世后，荀爽为其服丧三年。按当时的风俗，男方大多不为妻子的父母服丧，而只是在岳父、岳母生病的时候去看望，去世的时候去吊丧。但经荀爽开了一个头之后，这在当地就逐渐演变为一种习俗。后来，朝廷用公车征聘荀爽为大将军何进的从事中郎，何进担心荀爽不应征聘，又举荐荀爽为侍中。何进因谋诛宦官失败而被杀，征召荀爽的命令就失效了。汉献帝初即位，董卓专权，征召荀爽出来做官。荀爽逃避不及，被任命为平原相，在赴任途中又被征召至京师，出任光禄勋。荀爽在光禄勋位置上仅三天，就进拜司空，成为颍川荀氏家族中第一个位居三公的人。荀爽从被朝廷征召到出任司空，前后仅九十五天，创造了荀氏家族史上的奇迹。董卓迁都长安，荀爽见董卓凶狠残暴，独断专权，必然危害社稷，于是与司徒王允、董卓长史何颙等谋划除掉董卓，其计划尚未来得及实施就病逝，时年六十三岁。

对于荀爽晚年应朝廷征聘为官一事，有人把他与当时另外两位处士郑玄、申屠蟠相提并论，认为三人原来都是隐士，不愿出来做官。董卓当权的时候，也曾经以礼征召郑玄和申屠蟠出来做官，但二人皆不肯屈就，以保持其晚节。而荀爽此时已是年过花甲的老者，独自应聘，而且不到一百天的时间就位至三公。因此有人怀疑荀爽晚年这种选择，与其隐居求道的志趣不相吻合，是不能保持晚节的表现。范晔《后汉书》则用"平运则弘道以求志，陵夷则濡迹以匡时"来解释，认为荀爽在世道安定的时候通过弘扬道义来实现自己的志向，在社会动乱的时候则通过变通的方式救世济民。正是因为他在社会动乱之时忍辱负重，敢于挺身而出，他在关键时刻才敢于出手救太尉杨彪和司空黄琬于危难，并联合王允等人谋除董卓。只是由于荀爽病逝，他挽救国家社稷于危难之际的努力才功亏一篑。这大概就是人们所说的"大直若屈"吧！

汉末至魏晋时期，颍川陈氏和荀氏都是郡中大族，涌现出许多著名人物。所以，有人就把陈氏和荀氏作一对比，故有"以五荀方五陈"之说，即以荀淑比陈寔，以荀靖比陈谌，以荀爽比陈纪，以荀彧比陈群，以荀顗比陈泰。由此可以看出，东汉时期颍川陈氏和荀氏在当时社会是多么有影响。

许劭对荀爽和荀靖的评价，虽仅寥寥数语，但言简意赅，切中肯綮。从许劭的评价中，人们已经可以感受到荀氏兄弟不同于世俗的道德情操，以及他们崇高的人格魅力。荀氏兄弟的名声固然不因许劭的评价而有所抬高，但许劭的评价使人们对荀爽、荀靖有了更为深刻的认识，尤其是对他们的道德和人品，通过许劭的评价而有了更为全面的了解。

二、识陶谦直透其心

徐州牧陶谦也是许劭一生中遇到的比较重要的一个人物。

陶谦，字恭祖，丹阳（今安徽当涂东北丹阳镇）人。其父曾任余姚县令，很早就去世了。陶谦自幼成为孤儿，缺少管教，游手好闲，放荡不羁。十四岁的时候，还用木杆举着布条、骑着竹马玩耍。乡里的小孩子都跟在他后面看热闹。甘公是他的老乡，出任苍梧太守时见到他，以为他相貌不凡，和他一番交谈，陶谦说话又很得体，甘公于是就做主把女儿嫁给了陶谦。甘夫人知道陶谦是一个不务正业的穷小子，坚决不同意。甘公劝她说："陶谦虽然家里贫穷，但这个人气度不凡，将来必定能够出人头地。"后来，陶谦被郡中举为孝廉，出任尚书郎，转任舒县令。郡守张磐与陶谦是同乡，和陶谦的父亲也是朋友。但是，陶谦却看不上他，把当他的属下看作是一件可耻的事情。一次聚会，张磐让陶谦起舞，陶谦不理他。张磐有些恼怒，强迫陶谦起来跳舞。陶谦无奈，只好起身，但就是不转身。张磐问他为何这样，陶谦回答说："不能转身，一转身就把某些人比下去了！"言辞之间流露出讽刺之意。在仕途上，陶谦还算比较顺利，先是出任幽州刺史，后转任车骑将军张温的参军事，曾随张温征讨韩遂。黄巾军在徐州起事，朝廷就任命陶谦为徐州刺史，讨伐黄巾军。陶谦率部击败黄巾军，使徐州境内恢复了安定。董卓部将在关中作乱，朝廷与四方的消息全部断绝。陶谦经常派遣使者到关中，向朝廷进贡，并打探朝廷的消息。汉献帝在西京颁布诏书，任命陶谦为徐州牧，加安东将军，封溧阳侯。当此之时，徐州四境安定，百姓富庶，谷物丰盈。汉末大乱造成的四方流民，有许多都逃往徐州，在那里安身立命，谋求生活。

陶谦身为徐州牧，既不善于识人，又不善于治理。他处理州中事务，信任和使用的一些官员，都名不副实，任非所用。别驾从事赵昱是当时的知名人物，由于敢于直言而被陶谦疏离。陶谦奏明朝廷，让赵昱出任广陵太守，把他赶出了徐州。而曹宏等擅长阿谀奉承的人，则特别受到陶谦的信任。徐州的许多事务，陶谦都交给曹宏等人处理，导致治理混乱，刑罚不公，善良的人有很多都受到欺负，以至于百姓怨恨横生，整个徐州慢慢地就乱套了。下邳有一个名叫阙宣的人，手下有一帮人马，自称是"天子"。陶谦当初曾与他合作剿灭黄巾军，对阙宣不予追究，后来徐州稳定了，陶谦就把阙宣杀了，并把他的人马收拢到自己麾下，从此势力日渐强大。

徐州安定之后，陶谦派遣部将守阴平（今山东临沂），其士兵原本就是乌合之众，贪图钱财，大肆劫掠。当初黄巾军之乱时，曹操把父亲曹嵩送到琅邪躲避战乱。待领兖州牧之后，曹操派人去迎接父亲，路过泰山郡的时候，遭到了陶谦部下的劫杀，曹操的父亲曹嵩、弟弟曹德都被杀死，钱财亦被洗劫一空。曹操得知父亲被陶谦部将劫杀的消息后，于初平四年（193年）发兵攻打陶谦，接连攻克彭城、傅阳等十多座城池。陶谦节节败退，死保州治郯县。后来，曹操因给养不足，下令撤兵，在回师途中又捎带攻克取虑、睢陵、夏丘三县（当时皆属下邳郡）。为报杀父之仇，泄胸中愤怒，曹操下令屠城，非常残忍地把三县的男女老幼数十万人全部杀死，甚至连鸡犬都不留一只，死者尸体把泗水都堵塞了。当初从关中迁来的避难民众，凡是逃到徐州依附陶谦的人，大部分都被安置在这三个县。经此一役，这些难民基本上被杀光了。为报父仇，兴平元年（194年），曹操再次进攻陶谦，攻克琅邪、东海等县。陶谦自以为徐州难保，准备逃回老家丹阳。碰巧吕布占据兖州，曹操忙于应付吕布，才停止对陶谦的进攻。身心俱疲的陶谦也在这一年病死，时年六十三岁。

许劭和陶谦这位曾经称雄一方的人物有过交往。当初，许劭为了躲避中原战乱，南逃到广陵，在陶谦的地盘上暂且安身。陶谦知道许劭乃当时天下清议领袖,对许劭很是恭敬,给予很高的礼遇,并赠予他很多钱物。通过短暂的接触,许劭对陶谦有了更多的了解,对陶谦给予的礼遇感到不安。他曾私下对一同逃到广陵的人说:"陶恭祖要的是一个对外的好名声,而不是真正地对我好。他虽然赠予我很多东西,但他对我的态度,一定是很刻薄的。不如赶快离开这个地方。"于是,许劭在徐州作了短暂的停留后,就带着家人,到曲阿投奔扬州刺史刘繇去了。

陶谦先后任幽州刺史和徐州刺史,称雄一方。尤其是出任徐州刺史之后,击败黄巾军,收拢阙宣,使徐州成为当时较为安定的富庶之地。但是,陶谦有自己的不足。陶谦自幼养成了桀骜不驯的性格,小时候的遭遇,使他对追求功名等身外之物有特殊的喜好。成为州牧之后,他自非帅才,又缺少仁心。用人方面则是嫉贤妒能,搞亲亲疏疏,顺我者昌,逆我者亡。他厚待前来避难的许劭,不是宅心仁厚,而是因为许劭乃当时天下清议领袖,他对天下人物的评价很有影响。他期待许劭对他作出好评,如果许劭做不到,他立马就会变脸,甚至会动杀心。许劭阅人甚多,自然会看透陶谦的心思,对陶谦心里那点小九九清楚得很。他及时全身而退,是非常明智的选择。因为,从结果来看,陶谦对徐州士人果然大开杀戒。许劭离开不久,陶谦就把寓居徐州的士人都抓了起来,关的关,杀的杀。许多士人原以为徐州是个安定的地方,可以在那里躲避战乱。可他们万万没有想到,他们躲开了战乱,却惨遭陶谦的毒手。

许劭与陶谦交往的时间虽然很短,但他在短时间内就看透了陶谦的性格和人品,看透了他内心深处的秘密。许劭对陶谦的评点,句句切中要害,对人们全面认识陶谦这位汉末风云人物很有帮助。

三、举重若轻赞刘晔

许劭评点过的成名人物,还有扬州名士刘晔。

刘晔，字子扬，淮南成德（今安徽寿县）人。其先祖为汉光武帝刘秀之子阜陵王刘延。其父刘普。刘晔七岁的时候，母亲去世了。母亲临去世前，拉着刘晔之兄刘涣和刘晔的手，告诫他们："你们父亲的侍妾善于谄媚蛊惑，有害人之心。我死之后，担心她会把这个家给败了。你们长大成人之后，能除掉她，就把她除掉。那样的话，我就没有什么遗憾了。"刘晔牢记母亲的临终嘱托，到了十三岁那年，对年长他两岁的兄长刘涣说："现在是实现母亲临终嘱托的时候了！"刘涣说："是的，可以实现母亲的临终嘱托了。"于是，刘晔就持刀进入父亲侍妾的住室，一刀把侍妾杀了，然后扬长而去，到母亲的墓前拜祭，告诉母亲，已经完成了她的心愿。家人见侍妾被杀，急忙告诉刘普。刘普大怒，派人把刘晔追回，问他为何杀人。刘晔回答说："这是母亲去世之前的嘱托，不敢不执行。这件事情没有征得父亲的同意，请求接受擅自行事之处罚。"刘普因此对刘晔有了新的认识，认为他是一个负责任、有决断的人，竟然对此事不再追究。

扬州当地有许多狡黠轻狂之人，桀骜不驯，胡作非为。他们自恃勇力，拉帮结派，到处抢掠，弄得一方百姓闻之色变。这些人甚至想把当地百姓迁到长江对岸去。这帮人中有一个叫郑宝的，十分骁勇，膂力过人。郑宝仰慕刘晔出身名门望族，想逼迫刘晔出面，做这帮人的头领。此时刘晔刚刚二十出头，担心这帮人为害一方，却一直找不到剪除他们的机会。刚巧曹操派使者来州中过问此事，刘晔前去见使者，把郑宝等人的事情告诉使者，详细分析其危害，邀请使者到家中暂住。过了几天，郑宝果然带着几百人，抬着牛，带着酒，来等候使者。刘晔让家童把郑宝的随从安置在中门外，设酒招待。自己则和郑宝在内室宴饮。喝到高兴的时候，刘晔让人给郑宝敬酒，想借机把郑宝杀了。不料郑宝早有提防，敬酒的人不敢下手。刘晔则自取佩刀，当场把郑宝杀死，并斩其首级，号令其他随同前来的人，说："曹公有令，敢有动者，与宝同罪。"众随从都很害怕，急忙逃了回去。刘晔担心郑宝的数千名士兵会乘机作乱，于是，骑上郑宝的马，仅带领几名家童，来到郑宝的大营门口，把他们的头领喊过来，晓之以利害，给他们指明出路。众人叩头谢恩，打开营门请刘晔进去。刘晔推心置腹地安抚他们，众人都很佩服刘晔，共推刘晔为主帅。刘晔是汉室宗亲，不想拥有兵马，就把这些兵马都交给了庐江太守刘勋。当时正是天下大乱之时，谁不想拥有一支强大的军队？所以，刘勋虽然感到不可理解，还是愉快地接管了这支队伍。曹操征伐扬州时，刘晔与蒋济、胡质等扬州名士一同归顺曹操，出任司空仓曹掾，后转任主簿。刘晔经常随曹操征战，多有奇谋。曹丕即位后，刘晔任侍中，赐爵关内侯。魏明帝即位，刘晔进爵东亭侯，食邑三百户。后官拜太中大夫、大鸿胪。魏明帝青龙二年（234年），刘晔病逝。

刘晔青年时期为许劭所赏识，许劭评其"有佐世之才"。"佐世之才"是很高的评价，是说刘晔有辅佐帝王这样的才能。除了位高权重的三公九卿，那些有智慧和谋略的帝王师，像三国时期的诸葛亮、荀彧、鲁肃等人，都可以称之"有佐世之才"。《三国志·魏书》本传叙述许劭评价刘晔一事，在刘晔杀死父亲侍妾之后，接受郑宝属下等人归顺之前。这个时候，刘晔也就是二十岁左右，许劭慧眼识英才，认定刘晔有辅佐帝王之才能，并且公开说出来，是有一定的风险的。但事实证明，许劭的评价很有远见。

归顺曹操后，刘晔成为曹操帐下的重要谋士，果然显示出其"佐世"之才能。当初曹操平定扬州之后，得到刘晔、蒋济、胡质等五位扬州名士，每次与他们交谈，蒋济等四人都抢着发言，唯独刘晔不发一言。四人都暗自取笑刘晔。后来，刘晔单独见曹操，谈论的一些事情都很有远见，曹操因此对刘晔另眼相看，视为心腹，遇有军国大事，一定要听取刘晔的意见。曹操征伐寿春，到庐江界时，遇到陈策带领的数万山贼。曹操派遣偏将进攻，未能取胜。于是，曹操聚集众谋士，询问是否继续进攻。众人以为，山贼据守之处山势险峻，易守难攻，如果继续进攻，即使攻下来，也是得不偿失。只有刘晔坚持进攻山贼。他详细分析有利条件，认为曹操下令进攻之日，就是山贼溃败之时。曹操采纳刘晔的建议，派遣猛将为先锋，自率大军随后。结果如刘晔所料，曹操大军势如破竹，一举而胜。曹操征张鲁的时候，见山道险峻，无法施展兵力，又因军粮不继，就准备撤军。刘晔又献奇谋，使曹操顺利收复汉中。攻克汉中之后，刘晔建议曹操乘胜追击，直取成都，如果给刘备喘息的机会，以后再想找这样的机会就难了。可惜曹操没有采纳刘晔的建议，错失了一次攻取成都的良机。

孙权用吕蒙之计袭取荆州，杀害关羽。曹丕闻讯，聚集群臣商议，询问刘备是否会出兵为关羽报仇。众人皆以为刘备势力弱小，不会出兵。刘晔通过对蜀汉的形势、刘备与关羽的关系、刘备的性格等进行分析，认为刘备一定会出兵为关羽报仇。形势发展果然如刘晔所料，刘备举倾国之力为关羽报仇，声势浩大，势如破竹。东吴一时难以应付，遂派遣使者向曹丕上表，请求称臣。大臣们都向曹丕贺喜。刘晔则认为，这是孙权的权宜之计，等渡过这个难关，照样还会翻脸。所以，不要相信孙权称臣这件事。他还大胆地提出：乘刘备出兵伐吴之际，从内线出兵，进取东吴。届时孙权内外难以兼顾，必败无疑。他告诉曹丕："夫一日纵敌，数世之患，不可不察也。"然而，曹丕却没有采纳他的建议。刘备伐吴失败之后，孙权马上变脸，不再对曹魏称臣。曹丕一怒之下，要发兵伐吴。此时，只有刘晔出面劝阻，认为东吴刚刚取得抗击蜀汉的胜利，上下齐心，又有长江之险，伐吴难以取胜。也许刘晔是曹操老臣的缘故，曹丕根本听不进刘晔的建议，执意伐吴，结果却是一如刘晔所料。黄初五年（224年），曹丕御驾亲征，讨伐东吴。大军驻扎在广陵泗口。曹丕询问群臣，孙权是否会亲率大军迎战？众谋士都说孙权必定会率军迎战。刘晔分析形势，指出孙权不会来。结果如刘晔所料，孙权就是没有来。经过这么几件事，曹丕对刘晔有了新的认识。他对刘晔说："你说得很对。我应该考虑如何消灭孙权、刘备二贼，而不能仅仅满足于了解他们的情况而已。"到了魏明帝时，刘晔已经很少和人交往，也很少再为国家出谋划策了。有人问他为何如此，刘晔回答说："魏室即阼尚新，智者知命，俗或未咸。仆在汉为支叶，于魏备腹心，寡偶少徒，于宜未失也。"刘晔说的是心里话。一朝天子一朝臣。曹丕取代汉献帝建立曹魏之后，不论曹丕还是曹叡，重用的都是他们的心腹，而曹操时的一帮老臣，已经完成了历史使命。刘晔说"魏室即阼尚新"，虽然难掩失落，但说的的确是实情。作为刘汉的后裔和"支叶"，刘晔明知刘汉的衰败无可挽回，便归顺了曹操，成为曹操的心腹。曹操对他虽然尚未达到言听计从的地步，但只要是好的建议，则是尽可能采纳。所以，在曹操手下做谋士的时候，刘晔比较受重用，也比较开心，较好地发挥了"佐世之才"的作用；到了曹丕的时候，刘晔虽然还能够发挥作用，但受重用的程度显然不及在曹操手下的时候；等到了魏明帝的时候，刘晔基本上已经赋闲了，偶尔发表一点意见，已经是无足轻重。刘晔十分明智，见好就收，很少在新君面前唠叨。

　　从刘晔一生的经历来看，他作为曹操帐下的重要谋士，经常随同曹操征战，为曹操出谋划策，贡献了自己的聪明才智，很好地发挥了"佐世之才"的作用。到了曹丕时期，刘晔受重用的程度虽然已不如从前，但曹丕还能听取他的意见和建议。这足以证明，刘晔确实有"佐世之才"，证明许劭在刘晔青年时期对他作出的评价是很有眼光的。

颠沛流离死异乡

许劭虽然很早就知名于当世，成为继李膺之后汉末的清议领袖。但许劭生在汉末那样一个特殊的时代，不仅没有因为他是清议领袖而一帆风顺，步步高升，在当时的政坛上扮演重要角色，相反，却因汉末战乱而一生坎坷，颠沛流离，并最终客死异乡，充满了悲剧色彩。

如果从中平元年（184年）黄巾起义开始算起，至建安九年（204年）曹操统一北方止，汉末大乱前后长达二十年。黄巾起义爆发后，许劭的家乡汝南成为主战场之一。为躲避汉末战乱，许劭从故乡平舆出发，乘船顺汝水入淮河，然后再沿淮而下，先在淮浦作短暂停留，随后南下，在广陵寓居。许劭在广陵居住了十年左右，因洞见陶谦将杀戮寓居徐州的士人，遂渡江南下，经镇江到丹阳，依附扬州刺史刘繇。后随刘繇赴豫章，病死途中。一个著名的清议领袖，一个与郭泰齐名的人物，一个曾经令许多权贵大佬敬畏的名士，在汉末大乱之时，竟然找不到相对稳定的安身之地，在颠沛流离中客死异乡，不由得令人唏嘘感慨！

一、特立独行显异禀

汉桓帝和平元年（150年），许劭出生于汝南平舆（今河南平舆县）。他自幼喜欢读书，对经史有特别的爱好。从经史中，他不仅学到了社会文化知识、做人的基本规范、为人处世的基本礼仪，而且学到了怎样观察人、了解人、认识人和评价人。关于这些，史书虽然没有更多记载，但从史家对许劭"少读书，雅好三史，善与人论臧否之误，所题目，皆如其言，世称郭许之鉴"的评价来看，许劭不是一个读死书、死读书的人，而是一个能够学以致用，善于把从书本上学到的知识运用到社会实践中的人。正是因此，许劭年纪轻轻就能够在家乡平舆主持"月旦评"，并且产生了广泛的社会影响，以至于人们把他与郭泰对士人的评价相提并论，称之为"郭许之鉴"。

许劭不仅人物品鉴声誉在外，而且为人处世亦是特立独行。汝南名士陈蕃名重乡里，当时乡里一些想有所作为的青年才俊，都去拜访陈蕃，希望得到陈蕃的提携或指点，许劭却不愿前往拜访。这件事连陈蕃也感到不可理解，他对别人说："长幼秩序不可废也。许君难道想废掉它吗？"这话传到许劭耳朵里，许劭解释说："陈侯崖岸高峻，百谷不得而往。"其言外之意，是说陈蕃太过高洁自负，人们很难接近他。的确，陈蕃是一个很自负的人，在与阉寺斗争的时候，自以为振臂一呼，就会群起而响应，阉寺就会顷刻土崩瓦解，溃不成军。他上书窦太后说："当今的京师乱糟糟的，走在路上都能听到喧哗嚣闹之声，人们说的都是侯览、曹节、公乘昕、王甫、郑飒等人，以及赵夫人和那些宫女们，狼狈为奸，祸乱天下。依附他们的人就可以升迁，不顺他们意的人就遭到中伤。如今的一帮朝臣，都像河中漂流的木头，漂到东是东，漂到西是西，只想拿俸禄，却害怕遭到宦官的陷害。"他直言："今不急诛，必生变乱，倾危社稷，其祸难量！"他要求窦太后把他的上书向大臣们宣布，但窦太后却不理他的茬儿，根本不当回事儿。陈蕃如此咄咄逼人，宦官们来了个先下手为强，抢先动手，把主张诛杀宦官的陈蕃和窦武杀害了。这一年为汉灵帝建宁元年（168年），陈蕃封高阳乡侯也在这一年。从许劭称陈蕃为"陈侯"来看，许劭评价陈蕃的事也应该发生在这一年。这一年，许劭不满二十岁。许劭一个还不及弱冠之青年，竟然能够对位居三公的陈蕃评头论足，不仅显示出其不畏权贵的个性，而且表现出其异乎常人的远见卓识。"党锢之祸"后，同宗许相谄媚宦官，位至司空，一时炙手可热。很多同宗都讨好许相，走许相的门路，想在仕途上有所得，讨个一官半职。许劭却对这位同宗十分鄙夷，甚至都不愿经过许相的门前。由此可见，许劭是一个非常正直的文士。

正是因为许劭有识人之才，其性格又特立独行，与寻常人物不同，且年纪轻轻就主持汝南"月旦评"，所以才引起众多人的注意，很多人都想请他出来做官。据记载，朝廷曾经征召他为公府掾，后又让他做鄢陵县令，许劭都拒绝了。"党锢之祸"后，司空杨彪曾经以"方正"举荐他，并派遣公车请他入朝为官，同样遭到了拒绝。许劭拒绝入朝为官，不是不愿为天下苍生尽自己的一份责任，而是恪守儒家的"天下有道则仕，无道则隐"的处世法则。他不应征辟的理由很充分：当今朝廷是小人当道，天下很快就会大乱。在朝政日非、大乱将起之时，入朝为官是一件风险极高的事情，稍有不慎，就可能身败名裂，甚至危及家人。君子不立危墙之下。许劭既然看清了天下大势，自然也就不愿意去官场蹚这趟"浑水"了。

二、在故乡与洛阳间

综合相关史料来看，在携带全家老小避乱江淮之前，青年时期的许劭主要居于家乡平舆，在家乡做官，闲暇之时，与堂兄许靖一起主持"月旦评"。他偶尔也去京师洛阳，但去那里不是"拜码头"、走门路，想在仕途上有大发展，而是结交天下名士，了解他们的才能、品行、性格和志向，为其日后继李膺、郭泰之后挑起天下清议领袖之责做必要的准备。

当时，汝南士人在京师有很大影响。陈蕃是汝南人士，在京师为官，位高权重，曾经显赫一时，所以才有汝南的青年才俊争相去京师拜访他的事情。"党锢之祸"后，许相一时间也很得势。这段时间，许劭曾经多次到京师洛阳，但他去洛阳不是为了拜谒这些权贵，通过他们谋个一官半职，而是与郭泰等人同气相求，并通过他们与李膺、范滂等党人暗通款曲，了解朝廷真相，结交天下名士。从范晔《后汉书·党锢列传》中虽然看不到许劭的名字和事迹，但从当时人们把许劭的"月旦评"与郭泰对士人的评价合称为"郭许之鉴"来看，许劭在洛阳期间，与郭泰等人应有所交往。孔融见李膺的故事或许可以从另一方面提供佐证。小许劭三岁的孔融，是孔子的二十世孙。十岁的时候，也就是汉桓帝延熹五年（162年），他随父亲到京师洛阳，听说李膺高洁不群，不轻易接待宾客，除非是当世名人，或者是通家之好，否则门卫一律不予通报。孔融很好奇，想见识一下这位不太寻常的人物，就一个人来到李府，对门卫说："我是李君通家之好的子弟。"门卫就按孔融说的向李膺通报。李膺请孔融进来，问道："你的祖父或是父亲和我曾经有过什么交情吗？"孔融回答说："我的先人孔子与您的先人老子道德学问一样伟大，而且二人兼有师友之谊。如此来说，孔融与您已经是多少代的通家之好了。"当时在座的人听了无不赞叹。许劭去京师的时间应在孔融之后，确切可考的时间应是在汉桓帝延熹末年至汉灵帝建宁初年。这个时间，正是许劭主持汝南"月旦评"的时候，也是许劭任汝南郡功曹的时候。不论是出于公务，还是因为私事，许劭都会去京城。以许劭的个性，他在京城，不可能办完公务或是私事就立马打道回府，而是要借机和京师名士交往。

从许劭品评过的当时人物来看，除汝南郡和相邻的颍川郡一些知名人物外，还有不少是其他地方的人，如曹操、陶谦、刘繇、刘晔等人，都不是汝南郡人，其所在地距平舆都有很远的距离。按照当时的交通条件，许劭必须与他们有因缘际会才可能对他们作出评价。譬如曹操，是得到桥玄的告诫,让他与许子将交往,才有了曹操主动找到许劭,请许劭予以评价的事情发生。至于陶谦、刘繇、刘晔等人,则是许劭躲避战乱的时候,与他们相交相识的。由此不难推断,许劭居于京师期间,与一些成名人物交往是必不可少的。

再从时人所说的"郭许之鉴"来看,许劭与京师成名人物也多有交往。郭泰,字林宗,太原介休人。游学洛阳时,因得到李膺"未有如郭林宗者"之评而名重京师。其后,郭泰成为太学生领袖,对腐败的朝政大加挞伐。他率领太学生们褒贬朝政,评价公卿,致使公卿以下都害怕郭泰对他们有贬损之议而不敢登太学之门。当时人们都看重郭泰的评价,希望得到郭泰的好评。许劭之评与郭泰之评被时人相提并论,称为"郭许之鉴"。许劭的年龄虽然比郭泰小了许多,竟然能与郭泰齐名,可见当时人们对许劭这位年轻人是多么推重了。许劭在京师期间,免不了会有许多人像期盼得到李膺、郭泰的好评那样,希望得到许劭的好评。由于李膺在汉灵帝建宁二年(169年)遇害,郭泰也在这一年逝世,许劭就成了汉灵帝时期事实上的清议领袖,天下文士莫不翘首仰盼之。他奔走于平舆与洛阳之间,除了公私庶务,还要有意无意地与天下名士交往,并对他们作出必要的评价。汉末清议领袖的重任历史地落在许劭肩上,他就有义务把汉末兴起的文士清议之风延续下去,不论当时是否意识到,许劭确实这么做了。

关于在多次赴洛阳期间,许劭见了哪些人物,史料没有记载。但许劭相识却没有去见的人物,文献却有记载,他们是太尉(后为太傅)陈蕃和司空许相。这两个人当时都位高权重,也都是许劭的老乡,许相还是许劭的同宗。陈蕃和许相都想见一见许劭这个汝南青年才俊,但是许劭没有给他们机会。这正是许劭大异常人之处。

三、寄居广陵的尴尬

桓灵之世的"党锢之祸"严重打击了士气,涣散了民心。"党锢之祸"后,朝政依然腐败,宦竖干政愈演愈烈,政治清明更加难以期望。汉灵帝光和七年(184年),恰逢大旱,许多地方颗粒无收,而官府照旧横征暴敛,终于激起民变,爆发了黄巾起义。张角以"苍天已死,黄天当立,岁在甲子,天下大吉"的口号相号召,同时在各地发动起义,黄巾军很快风起云涌,席卷天下。早在黄巾起义爆发之初,左中郎将皇甫嵩就上书汉灵帝,要求解除党禁,大赦天下党人。中常侍吕强担心黄巾军与党人合流,造成难以收拾的局面,也向汉灵帝进言:"党锢久积,若与黄巾合谋,悔之无救。"汉灵帝为江山社稷考虑,担心党人与黄巾军合流之后局面难以控制,下令解除党禁,集中兵力镇压黄巾军。黄巾起义虽然很快被镇压了,但黄巾起义造成了严重的社会危害,摧毁了东汉赖以存在的社会基础。黄巾起义与"党锢之祸"成为压垮东汉社会的两大事件,造成了东汉末年持续二三十年的社会动荡。

在东汉末年的社会大动荡中,许劭开始了他的颠沛流离之旅。

中原乃四战之地,在汉末大乱中首当其冲。而许劭的家乡汝南郡作为京师洛阳的东南要地,与颍川、陈留、河内等地一样,更是饱受战争摧残。据《后汉书·灵帝纪》记载,中平元年,先有黄巾军大败汝南太守赵谦于邵陵,后有皇甫嵩、朱儁大破汝南黄巾军于西华,汝南郡遭受了空前的摧残。好在许劭有先见之明,于中原大乱之前,已携带一家老小,从家乡平舆出发,乘船顺汝河而下,进入淮河,然后再沿淮而下,一路走走停停,到淮浦暂时居住,而后又到了广陵,开始了在广陵寓居的生活。这就是许劭自己所说的"吾欲避地淮海,以全老幼"。

东汉时期,广陵郡属徐州管辖。当时,徐州下辖五个郡国,分别是东海郡、琅邪国、彭城国、广陵郡和下邳国,郡治东海郯县。广陵郡治在今江苏扬州市,隋称江都,唐称扬州,是中国历史文化名城。唐代大诗人李白有《黄鹤楼送孟浩然之广陵》诗:"故人西辞黄鹤楼,烟花三月下扬州。孤帆远影碧空尽,惟见长江天际流。"一句"烟花三月下扬州",已令人对扬州怦然神往。唐人更有言志诗,称"腰缠十万贯,骑鹤上扬州",俨然视扬州为人间"销金窟"。广陵背依淮海大平原,面临滚滚东去的长江,是一个风景秀美、人文深厚的好地方。许劭为避中原战乱,举家迁往广陵,就是看中了那里的风景和人文,迁居那里,是要在那里长期居住。

如果从中平元年(184年)黄巾起义爆发算起,到许劭从广陵迁往丹阳,许劭在广陵居住了差不多十年时间。黄巾起义爆发前,徐州刺史陶谦只是征西将军张温的司马。黄巾起义爆发后,朝廷任命陶谦为徐州刺史,征讨徐州境内的黄巾军。陶谦新官上任,全力征讨,打败黄巾军,使徐州境内恢复安定。当时,黄巾之乱在徐州境内仅波及东海郡、琅邪国、彭城国和下邳国,广陵相对比较安定。许劭选择迁居那里,也是因为那里水陆交通方便,而且比较安定。由于许劭是清议领袖,在当时名气很大,陶谦对寓居广陵的许劭不敢怠慢。许劭刚到广陵的时候,陶谦送给他很多礼物,对他十分谦恭。许劭深知却之不恭,也就欣然接受。可是,时间长了,接触多了,许劭对陶谦有了更多的了解,认识也就越来越深刻。尤其是陶谦刚愎自用,不纳忠言,不辨贤愚,不分忠奸,任用小人,贬黜贤者,把好端端一个徐州弄得乌烟瘴气,小人得志,善良遭欺,百姓多有怨言。这令许劭对其大失所望,他曾经对人说:"陶恭祖表面上看喜好名声,而其内心却并非如此。"好在广陵不是州治,而且距州治郯县还有比较远的距离,许劭和陶谦的联系逐渐稀疏。陶谦把徐州治理得好坏,和许劭没有多少关系,许劭也就不太放在心上。

但是,后来发生的一件事情,却让许劭对陶谦提高了警惕。汉献帝兴平元年（194年），蝗虫肆虐，赤地千里，粮食几乎绝收，谷物价格飞涨。据《后汉书·献帝纪》记载："是时谷一斛五十万，豆麦一斛二十万，人相食啖，白骨委积。"这一年，徐州的粮食价格也是猛涨，加上在徐州躲避战乱的人也比较多，徐州的粮食供应非常紧张。陶谦身边一些目光短浅的人就向陶谦进言，让陶谦把寓居徐州的人都赶出去，以省省口粮。不愿走的人，就全部抓起来杀了。许劭人虽然在广陵，但对陶谦身边发生的事情却是了如指掌，他对家人说："如今徐州的粮食价格飞涨，又有小人在陶恭祖身边进谗言，陶恭祖很快就会厌弃这些寓居徐州的宾客。他之前待我虽然很优厚，但照目前这样的形势来看，他马上就会变脸，使出非常手段。"许劭看出了端倪，立即携带家小，渡江到了丹阳，离开了广陵这个是非之地。

这一次，许劭又是很有先见之明。他不待陶谦下令驱逐寓居徐州的士人，就果断地选择了离开。否则的话，尽管陶谦不至于对许劭下杀手，但给些脸色看却是少不了的。好在许劭知微见著，从徐州一些事情的先兆中看出了事情发展的趋势，及时果断地离开了广陵，免除了一些不必要的尴尬。事实证明，这确实有先见之明。许多寓居徐州的士人，在陶谦突然下令逮捕他们的时候，根本来不及反应，就被抓的抓、杀的杀。有的士人闻讯之后，仓皇出逃，十分狼狈。如陈留史坚元、陈郡相仲华等名士，在得到陶谦逮捕寓居士人信息的时候，害怕被抓，仓皇出逃，远窜江湖，那种狼狈，可想而知。

总的来说，许劭寓居广陵的十年间，前一阶段的生活相对比较优裕。但到了后来，随着徐州发生的一系列事件，尤其是陶谦意欲下令抓捕寓居徐州士人，许邵也不得不选择离开。好在许劭善识先机，在陶谦不顾朋友之谊之前，已经先行离开，避免了可能发生的尴尬。

四、从曲阿亡命豫章

度过了十年相对安定的广陵生活后,许劭于汉献帝兴平元年离开广陵,渡江来到曲阿,投奔当初在淮浦结识的刘繇,再次开始了颠沛流离的日子。

曲阿即今江苏丹阳市,在今江苏镇江的南部。刘繇当年不应征辟,避乱于淮浦,在那里与清议领袖许劭相识。兴平元年(194年),刘繇出任扬州刺史。扬州州治本来在寿春(今安徽寿春),但寿春被袁术占据,刘繇不敢前去赴任,准备渡江南下。于是,丹阳太守、孙策的舅舅吴景和丹阳都尉孙贲就把新任州牧刘繇迎接到曲阿,刘繇只好暂居此地,等待时机。许劭到了曲阿之后,刘繇对许劭这位曾经的天下清议领袖自然不敢怠慢,热情招待,给予很高的礼遇。刘繇的一些重要事情,都让许劭参与,并注意听取他的意见。许劭暂居曲阿期间,俨然成了刘繇的重要谋士。

刘繇虽然被朝廷任命为扬州刺史,但他手下并没有多少兵马,因而左支右绌,穷于应付。为增强实力,站稳脚跟,刘繇招兵买马,广泛结交。他派部将樊能、张英据守长江,防止淮南的袁术渡江南下,初步稳定了江东。可是,袁术早就觊觎江东,暗中结交吴景和孙贲,唆使二人反对刘繇,挑起刘繇阵营内讧。刘繇觉察之后,集中兵力,击败丹阳太守吴景,打败孙策的从兄丹阳都尉孙贲,迫使二人远离曲阿,暂时稳定了江东。刘繇的队伍扩大到一万多人,实力大增,朝廷于是加授刘繇为振武将军。然而,好景不长,他就遇到了最强大的对手——孙策。

孙策是孙坚之子。汉献帝初平二年(191年),孙坚奉袁术之命,进攻荆州,在与荆州牧刘表部将黄祖的战斗中中箭身亡。孙策继承父亲遗志,借口平定江东,脱离袁术的节制,以折冲校尉之职,率军返回故乡江东。他一路上招兵买马,不断扩充实力。在庐江得到好友周瑜的鼎力相助，实力大增，先后打败刘繇的部下樊能和张英，乘势渡江南下，在江东进一步扩充实力，对刘繇形成极大威胁，迫使刘繇放弃曲阿而逃奔丹徒（今江苏镇江市丹徒区）。在丹徒做短暂的停留后，刘繇准备南下会稽，但拿不定主意，就和许劭商议。许劭直言其见，说："会稽是一个富庶的地方，也是孙策最想得到的地方。而且，那个地方在海边，孤立无援，不可以往那里去。不如到豫章去，那里北边连接豫州，西边与荆州接壤。如果能够把那里的百姓和官吏聚拢起来，派遣使者向朝廷进献贡品，并告知兖州牧曹孟德，可以相互呼应。虽然有袁公路隔在中间，但袁公路这个人乃豺狼本性，难以长久。阁下既然是朝廷任命的大员，如果遇到危难，曹孟德、刘景升一定会施以援手。"许劭的分析知己知彼，显示出战略家的眼光，令刘繇十分佩服。于是，刘繇决定溯江而上，进取豫章，在那里开辟一片天地。

刘繇大军到了彭泽，在那里驻扎下来。刘繇派遣笮融帮助豫章太守朱皓攻取豫章，进攻刘表任命的豫章太守诸葛玄。许劭以为，朱皓为人诚实，是好官但不是好将；笮融豺狼之性，好勇斗狠。这样两个人在一起，而且以朱皓为主将，朱皓将难以节制笮融。如果派遣他们两个带兵前往豫章，事情很难预料。许劭把自己的担心告诉刘繇，刘繇不以为意。许劭再次嘱咐说："笮融不听节制，一定要让朱皓严加防范，防止出现不测之事。"事情后来的发展，果然如许劭所料。

笮融是丹阳人，汉末大乱时，他聚集几百乡勇，投奔徐州牧陶谦。陶谦当时正缺少人手，就把广陵到彭城的水上运输交给笮融管理。笮融贼性不改，把广陵、彭城、下邳三郡的水上运输垄断起来，中饱私囊，大发横财，并放纵手下滥杀无辜。他用聚敛起来的钱财修建一所寺院，用铜铸造佛像，外镀之以黄金，饰以锦绣衣服。寺院除大殿外，尚有重楼阁道，可容纳三千多人在里面诵经。笮融还让广陵和相邻郡国喜欢佛教的人来这里听讲佛经，前来听讲的人累计有五千多人。几十里之内的人都前来观看。笮融让人在佛寺内和沿途摆设酒席,供拜佛的人和看热闹的人食用,花费钱财无数。曹操进攻徐州,笮融见事不妙,带领一万多人和三千马匹逃往广陵,广陵太守赵昱像招待客人那样招待他。笮融知广陵是富庶之地,就借酒杀了太守赵昱,纵容其士卒大肆掳掠,广陵百姓深受其害。他带兵路过秣陵(今江苏南京市)的时候,杀了彭城相薛礼,对秣陵又是一番抢劫。笮融后来虽然归顺了刘繇,但难改其豺狼之性。他和朱皓合力攻取豫章之后,又把本应是豫章太守的朱皓杀了,自任豫章太守,想造成既成事实,逼刘繇承认。

刘繇是朝廷任命的一方诸侯,自然不会容忍笮融如此嚣张。他集合属下所有兵马,讨伐笮融。初战不利,刘繇并不气馁,再次聚集人马,与笮融决战,大败笮融。笮融兵败,只身逃进深山之中,被山民所杀。而刘繇不久也病死,其家人暂居豫章。刘繇病逝后,手下尚有一万多人的队伍,一时群龙无首。孙策派太史慈前去,接收了刘繇留下的这支队伍。后来,孙策讨伐江夏黄祖,得胜而回,路经豫章的时候,感念刘繇经略江南之功,厚葬刘繇,并优抚善待刘繇的家人。

许劭自兴平元年离开广陵,渡江到曲阿,投奔刘繇之后,与刘繇朝夕相处一年有余。由于二人有过在淮浦的一段交情,同时也由于许劭曾经是天下清议领袖,刘繇对许劭,不仅是热烈欢迎,而且还甚为尊重,视为心腹,凡遇重大事情,一定要听取许劭的意见。许劭对刘繇也是推心置腹,知无不言,言无不尽,表现出对朋友的真诚和信任。譬如,刘繇暂居曲阿,无处安身的时候,曾经萌发南下吴越,夺取会稽的想法。许劭为其分析利害,言明得失,以为会稽不可取,建议刘繇经略豫章。当刘繇采纳其建议,溯江而上,准备夺取豫章时,许劭则与其患难与共,共同进退。而当刘繇派遣朱皓和笮融去攻取豫章时,许劭非常明确地对刘繇说,笮融这个人不可靠,需要严加防范。刘繇却没有放在心上,仍就把笮融派了出去。事情的发展皆如许劭所料,笮融不仅不受朱皓节制，还把朱皓杀了，自己取而代之。这一下弄得刘繇很被动，只好拼上全部家当与笮融决战。刘繇率大军从彭泽出发，进逼豫章。许劭随刘繇而行，一路身心俱疲，舟车劳顿，染上疾病，竟然病倒在赴豫章的途中，不治而亡，时年四十六岁。

　　作为继李膺、郭泰之后的清议领袖，许劭在经历了汝南"月旦评"的风光之后，遭遇了东汉末年长达数十年的大动乱。许劭明知东汉政权已是风雨飘摇，却是无可奈何，有心无力，而自己也不得不为躲避战乱而远逃江淮，成为众多逃难者中的一员。为了生存，许劭游走于江淮之地，周旋于达官显宦之间。汉献帝兴平元年，许劭被迫逃到江东，开始了他最后的漂泊，并在颠沛流离中走完了他的人生旅程。

　　许劭也许还有未了之愿，但那一切皆已经与他无关了。从他踏上避乱江淮之路的那一天起，客死异乡的悲剧就已经注定了。这是许劭的悲剧，也是时代的悲剧，更是历史的悲剧！

许劭离开这个世界已经一千八百多年了。随着他的离去,许多历史人物和历史事件早已成为过眼云烟,很少有人再予以关注了。但是,也许许劭自己都没有想到,在他的身后,不仅留下许多未解之谜,而且对于他这个人,以及他主持的"月旦评",都是众说纷纭,莫衷一是。

谁人背后不说人,谁人身后无人说。作为汉末清议领袖,作为汝南先贤,许劭身后也留下了许许多多的话题,任后人评说。那么,我们就跟随历史老人,看一看有关许劭的各种不同说法吧。

一、是是非非说许劭

许劭的身份有些特殊,他出身于汝南名门,却没有像他的先人那样位至三公,他做的最大的官,就是汝南郡功曹,大概相当于现在的地市级人事局局长。当时的官员尚不分品级,如果放在魏晋,大概就是一个七品官,甚至连七品官也不如。因为,按照东汉的官制,功曹是郡守或县令雇用的"吏",不属于拿朝廷俸禄的"官"。

许劭官职虽然不大,但与他来往的却不乏达官显贵,如曾任司隶校尉的李膺等人。许劭交往最多的,除了汝南的青年才俊,就是京城的郭泰等清议领袖和太学生们。许劭年纪轻轻,就能主持"月旦评",且能够继郭泰之后,成为天下清议领袖,稳操士人品评之权衡,有如此之大的社会影响,与他这些社会交往不无关系。但许劭不"傍大款",也不"攀名人",不像某些人那样诗以人名、书以人名、字以人名、画以人名,而是真真切切地依靠自己特殊的识人鉴人能力而闻名于世。譬如对于尚未出名的曹操,位居三公的桥玄虽然十分看好曹操,也给曹操很高的评价,但他自知单靠他的鼓吹和提携,不足以让曹操很快扬名于世,于是,他建议曹操去找许劭,和许劭多交往,通过许劭的奖掖和提携,赢得更大的社会名望。一个位居三公的权贵,在人物品评方面,和许劭这个汝南青年才俊比起来,竟然自愧不如。那么,许劭在当时士人心目中的地位是如何崇高,也就不难想象了。

不过,对于许劭,后人的评价却是言人人殊,赞扬者有之,批评者亦有之;鼓吹者有之,揶揄者亦有之。但是,所有的评价皆无关许劭的道德人品,其矛头所向,主要集中在与许劭有关的清议,以及许劭曾经评价过的当世人物身上。唯一例外的,是曹丕《典论》中有对许劭与堂兄许靖在吴郡太守许贡座前相互争辩,以至于手足相及的记载。许贡于汉献帝初平年间任吴郡都尉,兴平元年(194年)代盛宪为吴郡太守。这个时候,许劭与许靖皆避乱江东。许靖与许贡是旧相识,三人有交集是可能的。曹丕《典论》如此叙述这件事:"汝南许劭与族兄靖,俱避地江东。保吴郡,争论于太守许贡座,至于手足相及。"这是后人指责许劭的重要证据之一,以为许劭不知孝悌,竟然与堂兄动起手脚。兄弟二人都是知书达理的人,在别人面前动手动脚,让外人看笑话,不仅很不雅观,而且有失斯文。但话又说回来,这件事情的发生,许靖作为兄长负有主要责任。许靖之所以这样做,是不是有发泄许劭当初为郡功曹时没有提拔他的怨气的可能呢?俗话说得好,要得好,大让小。既然兄长不像兄长的样子,有什么理由要求弟弟一定要对兄长毕恭毕敬呢?更何况许靖一向精于为自己打算,考虑问题常常把自己的利害得失放在前面。许劭与许靖为保吴郡而发生的争执,焉知没有许靖为自己打算的因素在呢？若不然，平素就恪守道德规范的许劭当不至于如此失态。至于曹魏时期蒋济与刘晔关于许劭举荐樊子昭的争论，更可以看出试图贬抑许劭的蒋济在理屈词穷之际，试图偷换概念，顾左右而言他了。可见，后人有关许劭的评价，很少涉及许劭的道德人品，即使偶尔涉及，也是一些无关痛痒的言辞，不足以损害许劭其人的崇高品格。

对于许劭，不论时人还是后人，总体评价是肯定多于否定，赞扬多于贬损。谢子微对青少年时期许劭的评价就很有代表性。他说，许劭"山峙渊渟，行应规表"，以为许劭"乃希世之伟人"。鉴于许劭特殊的识人鉴人才能，谢子微对幼年许劭就给予很高评价，认为"此贤当持汝南管钥"。管钥即钥匙，是开启锁钥的工具。谢子微以"汝南管钥"比喻许劭，是视许劭为汝南人才的发现者，汝南人物的奖掖者，汝南贤士的提携者。这对许劭是很高的期许。在许劭弱冠之时，谢子微对许劭与其兄许虔赞美有加，称其兄弟二人为"平舆之二龙"。谢子微是汝南邵陵人，如果说他对许劭的评价有所偏爱的话，那么，袁绍对许劭的评价，则可以从另一方面对许劭的道德人品加以佐证。

袁绍出身四世三公的汝南袁氏，是典型的豪门公子。他因为家族的关系出任濮阳令。在弃官还乡的时候，快进入汝南郡界时，他忽然想起了许劭，对众随从说："吾舆服岂可使许子将见？"于是就匹马单车回到家乡。袁绍对许劭的评价值得引起重视。许劭品格高洁，不能容忍浮华豪奢等行为。袁绍虽然仅比许劭小了几岁，但慑于许劭崇高的威望和品格，在即将进入汝南郡界的时候，不敢摆豪门公子的派头，而是按照简约的要求，匹马单车回到家乡。对于这件事情，清代著名学者顾炎武这样评价：当国家都崇尚豪奢的时候，就要表现出简朴，这是君子的行为，也是宰相应该做的事。许劭虽然此时只是汝南郡的功曹，但他崇尚简朴，反对浮华豪奢，是真正的君子。许劭官职虽小，但能够为天下着想，为国家考虑，做了宰相应该做的事。他人在汝南，不可能影响到朝廷，但汝南世风受其影响，从外地回到汝南的袁绍也不由自主受到了许劭的影响，自觉摈弃豪奢，回归简朴。

至于许劭为汝南郡功曹，后人也是赞赏有加。许劭为汝南郡功曹，在袁绍辞濮阳令之前。刘孝标注《世说新语》引《海内先贤传》叙许劭故事，把许劭为郡功曹，置于袁绍辞濮阳令之前。据《汝南先贤传》记载，广陵徐孟本任汝南太守，礼聘许劭为功曹。许劭出任汝南郡功曹之后，罢黜奸佞，废黜邪恶，擢升贤士，任用贤能，使汝南郡秩序井然。东汉郡功曹，相当于地市级人事局局长，负责官员的选拔、考核与升迁。许劭任郡功曹，敢于主持正义，用人以忠义为先，尽力把那些有德行、有才能的人选拔上来，奸佞邪恶之人则遭到贬斥。他公平使用权力，让百姓看到了希望，整个汝南郡的风气也为之改观。他赞扬的人，像龙腾一样晋升得很快；他贬黜的人，像堕入深渊一样，很难有机会翻身。有人评论他说："清论风行，所吹草偃，为众所服。"

二、后人评说"月旦评"

从许劭品评人物的结果来看，受惠于"月旦评"的人虽然主要是汝南青年才俊，但由于许劭品评人物立足汝南却不限于汝南，所以，他评价过的人物非常广泛，而且确如其评。如曹操，不仅在汉末之乱中充分表现出"奸雄"本色，而且奠定了曹魏基业；刘晔年轻时就被许劭评为"有佐世之才"，后来果如其论，成为曹操、曹丕的重要谋士。由于许劭对当时人物的评价广有影响，所以，魏晋之后，许劭主持的"月旦评"就成为士人议论的一个话题。而对于"月旦评"的评价，不同的人基于不同的视角，给予的评价截然不同。但总的来说，不外乎赞扬和贬损两种情况。赞扬者，常把后世某人的人物品评比作"月旦评"；贬损者则斥责"月旦评"为雌黄。

赞扬"月旦评"者,把许劭之评或"月旦评"作为美谈。东晋时期的桓彝就由于善于鉴识人才,而被时人和许劭相提并论。桓彝,字茂伦,谯国龙亢(今安徽省怀远县龙亢镇)人,精于经史,性格通朗,年轻的时候就已经广为人知,晋元帝时曾任吏部尚书郎,主持选拔人才。他善于识别人才,选拔人才,史家称之为"有人伦识鉴,拔才取士,或出于无闻,或得之孩抱"。不论是默默无闻的人,还是孩提时期的人,经过他的观察测试,如果是人才,最终都能得到提拔重用,所以,史家有"时人方之许劭"之说,意思是说,他像许劭那样,善于从社会底层发现人才,并给予奖掖和提携。唐代诗人李商隐面对他人的赞誉,有"叨延月旦之评,长积竹林之恋"之句;北宋初年著名文学家、西昆体代表诗人杨亿在写给友人的信中,对友人赞美他的诗歌,抱以谦虚的态度,以为友人的称赞之辞有些过分,表示"然以薄才,自此增价;雌黄已定,永依月旦之评;华衮为荣,更比春秋之字。愿言感佩,曷可敷宣"。杨亿把许劭的"月旦之评",与"春秋之字"相提并论,表现出对"月旦评"的高度认可。

南宋著名学者洪适对"月旦评"的评价是积极而正面的。他在《盘洲文集》中多次使用"月旦评"的典故,都给予正面评价。如"居乡高月旦之评,诲子有籯金之训""擅颛门之学,高月旦之评""学周公、仲尼之道,特立独行;有相如、扬雄之风,同工异曲。不辍夜分之习,素高月旦之评;果得隽于槐黄,将策勋于芥紫""自保岁寒之质,未高月旦之评;非韫椟以求沽,何席珍而待聘""凤保岁寒之契,独私月旦之评""奉夜半之问,将窾窾以搴华;擅月旦之评,每过情而借誉"等。从洪适使用"月旦评"的语境来看,他把"月旦评"作为一种积极正面的评价。如"居乡高月旦之评,诲子有籯金之训",把"月旦评"和汉代韦贤"遗子黄金满籯,不如一经"的古训并提;"擅颛门之学,高月旦之评",把"月旦之评"与擅长经学并举;"奉夜半之问,

111

将瘠意以搴华；擅月旦之评，每过情而借誉"，则把"月旦之评"与汉文帝夜半问贾谊鬼神之事联系在一起，很容易让人想起李商隐的名句"可怜夜半虚前席，不问苍生问鬼神"。洪适常常是在乡论或乡评的意义上使用"月旦之评"，因而"月旦之评"也就被赋予了民意的含义。

许劭的"月旦之评"明寓褒贬，微言大义，后人因此常常把"月旦之评"与"春秋之笔"对应起来，以"月旦之评"比"春秋之笔"。宋人沈与求有"发为月旦之评，动合春秋之法"之句，李刘有"屡入泽宫，闻凤擅春秋之学；哀然举首，喜可塞月旦之评"之语；李曾伯有"善为宰宰天下，固不私月旦之评；酌谁先先乡人，愿早赐春秋之笔""较艺鹄闱，莫重春秋之笔；登名鹗荐，允谐月旦之评"之言；元代文学家姚燧有"月旦之评士，咸高其一节；春秋之笔史，无待于他书"之说；谢应芳有"愿借春秋之笔，稍为月旦之评""灼见用春秋之笔，经品题便作佳士，惟恐孤月旦之评""稽古究春秋之学，蜚英冠月旦之评"之论。孔子作《春秋》，不虚美，不隐恶，微言大义，令乱臣贼子惧。他的"春秋之笔"或"春秋笔法"，成为后世史学家的自觉遵循。尽管在司马迁《史记》之后，限于各种原因，真正能够以"春秋之笔"撰写历史的人少之又少，但很多人却是虽不能之，心向往之。所以，他们赞赏"春秋笔法"，也对能够以"春秋笔法"评论人物和时政的人给予由衷的礼赞。人们期待有更多的人能够像孔子当年撰写《春秋》那样，不虚美，不隐恶，微言大义，以"春秋之笔"对奸佞邪恶进行批判，对社会和世风有所救正，期待史学家"著述比阳秋之笔，姓名高月旦之评"（明代程敏政语）。

曹魏以后，对"月旦评"进行批评的人也不少。东晋葛洪有感于当时社会谄媚攀附成风，请托交结盛行，小人得志，贤者黜退，一针见血地指出这种"纯儒释皇道而治五霸之术，硕生弃四科而恤月旦之评"的社会现实，对"月旦之评"进行公开批评。北宋佚名《翰苑新书》载王臞轩文,借"某官"对"月旦之评"进行批评,称"某官清时寿俊,前辈典刑。勇退中流,为洛下耆英之冠;喜拔后进,司汝南月旦之评,致使妄庸屡蒙奖借"。某官虽然堪称前辈中的楷模,但他退下来之后,并不肯罢手,而是像当年白居易赋闲之后,居于洛阳香山,集聚一些从官场上退下来的老人,终日指点江山,为自己喜欢的后进作鼓吹,主导当时的社会舆论。可是,他们喜欢和奖掖的都是一些什么样的人呢?都是浪得虚名的平庸之辈,所谓"致使妄庸屡蒙奖借"。看来,由这样一些人"司汝南月旦之评",变成了歪嘴和尚念经,即使是好经,也给念歪了。王臞轩在使用"月旦之评"时并无贬义,但和某些官员联系起来的时候,就成了庸愚之辈进身仕途的捷径了。宋人胡宿对"月旦之评"亦无好感,他曾这样说:"名公接席,多士登门。回月旦之评,曲加题品;传春秋之字,遽辱褒称。"既说"月旦之评"为"曲加题品",就隐喻"月旦之评"非公正之评的意思。南宋著名文学家刘克庄在使用"月旦之评"这一典故时,有褒义,也有质疑。其"通家累世,素钦月旦之评",显然是把"月旦之评"视为褒奖;而其回卓教语"仆匪郢人,愧莫和阳春之唱;君如许劭,得无累月旦之评",在"月旦之评"前加"无累"二字,虽然是说卓教当得起"月旦之评",但既称为"累",则"月旦之评"之沉重,甚至成为负担,也就是题中应有之义了。王洋在其《和张直可投诗》中,则表明了对"月旦评"的反感之意:"老觉浮云念不萌,君才岂合后诸生。从教罪我春秋法,不受诗人月旦评。"

关于许劭"月旦评",宋人于石的两首诗值得注意。一首是评许劭的:"四海同推月旦评,是非公论至今存。老瞒敢肆奸雄志,未必不因公一言。"天下人都推许"月旦评",但是,"月旦评"的是是非非至今仍然没有定论,依然是言人人殊,莫衷一是,依然是是者言是,非者称非。可是,有一点应该引起注意,那就是许劭对曹操"治世之能臣,乱世之奸雄"的评价。"未必不因公一言"，将曹操成为乱世奸雄归结于许劭的一句评价，显然过于绝对，也不符合事实，但它却反映出许劭"月旦评"在当时社会的广泛影响，反映出人们对"月旦评"的高度重视，也算道出了一个事实。

于石的另一首诗是评曹操的："心非禅代荀文若，目识奸雄许子将。身苟未亡终篡汉，不知何德比文王。"荀彧是曹操的首席谋士，他辅佐曹操，是希望曹操真心匡扶汉室，实现天下大治。可是，他没有想到，曹操这个乱世奸雄，心存禅代，一心想倾覆汉室基业。所以，在建安十七年（212年）曹操开始流露出禅代之意的时候，荀彧果断终结了与曹操的合作。但此时曹操势力已大，羽翼已丰，即使没有荀彧的辅佐，照样能够叱咤天下，藐视群雄。于是，曹操就有意冷淡荀彧。《魏氏春秋》说曹操赠送荀彧食物，荀彧打开一看，乃是一个空食盒，于是明白曹操之意，就自饮毒药而死。荀彧为曹操统一北方建立了殊勋，但只是在曹操加九锡一事上说了几句真心话，不合曹操之意，就被曹操赐死，着实可悲。比较起来，许劭则有知人之明，他不仅看出曹操是乱世奸雄，而且拒绝与当政者合作，表现出远见卓识，避免了荀彧式的悲剧。但是，虽然有许劭对曹操"乱世之奸雄"的评价，很多人仍然看不透曹操的真实面目，因为他在世的时候并没有行禅代之事，曹魏是曹丕建立的，汉家天下是曹丕篡的，而曹丕也是在汉献帝反反复复的禅让中，在大臣们一而再再而三的请求下，才在洛阳即位的。曹操虽有禅代之心，却无禅代之实，所以，他可以大言不惭，自比文王、周公，自比齐桓、晋文，可以向天下宣示："设使国家无有孤，不知当几人称帝，几人称王！"于石说曹操"身苟未亡终篡汉"是一种假设，但这种假设在曹操身上是不会发生的，不然的话，曹操也就不配许劭"乱世之奸雄"的评价了。

三、汝颍之士有褒贬

汝南郡和颍川郡位居中州之中，中国之中，物华天宝，人杰地灵，在两汉和魏晋南北朝乃至整个中国历史上，都涌现出许多杰出人物。尤其是汉魏之际，汝南郡和颍川郡是世家大族的集聚地，也是名士辈出之地。而许劭主持的"月旦评"对汝颍之士的评论，更使得汝颍之士声名远扬，更上层楼。于是，魏晋之后，汝颍之士就成了人们议论的焦点之一。而后世有关汝颍之士的评论，不仅和许劭有直接关系，而且众说纷纭，歧见迭出，褒贬不一。

汝颍之士的话题，最早出自东晋史学家王隐笔下，而挑起这一话题的则是汝颍之士梅陶、钟雅和祖纳。其文略云："梅陶及钟雅数记余事。祖约辄困，因谓之曰：君汝颍之士利如锥，我幽冀之士钝如槌。"从王隐所记来看，这只是一次简单的交谈。梅陶和钟雅乃是汝颍士人，可能是出于习惯，他们把经历的一些重要事情记录下来。祖纳对此感到不可理解，于是对二人说出了"君汝颍之士利如锥，我幽冀之士钝如槌"这样的话。这话乍一看有点莫名其妙，看到梅陶和钟雅平实记录一些事情，怎么就和"汝颍之士""幽冀之士"联系起来，并且还有相互比较的"利如锥""钝如槌"呢？仔细分析其中缘由，祖纳的话蕴含着汝颍之士对事情反应敏锐，像利锥一样，而祖纳等幽冀之士则比较迟钝，像木槌一样的意思。但是，稍晚于王隐的裴启在其所著《语林》中对此事的记载，就变成了祖纳与钟雅的调谑：

祖士言与钟雅相调。钟语祖曰："我汝颍之士利如锥，卿燕代之士钝如槌。"祖曰："以我钝槌打尔利锥。"钟曰："自有神锥，不可得打。"祖曰："既有神锥，亦有神槌。"钟遂屈。

由此可见，"汝颍之士"也好，"燕代之士"也罢，只是祖纳与钟雅二人开玩笑的话，当不得真。虽然如此，魏晋之后，"汝颍之士"流传开来，成为一种具有特定意义的代名词。如谢灵运《拟魏太子邺中集》在咏应场的时候，有"汝颍之士流离世故，颇有漂薄之叹"之评。谢灵运联系应场的身世，结合汉末汝颍之士漂泊流离的经历，认为他们的创作多有漂泊流离的感慨。

北魏杨衒之《洛阳伽蓝记》所载荀子文事，可见"汝颍之士"已经深入人心：

> 高阳宅北有中甘里，里内颍川荀子文，年十三，幼而聪辨，神情卓异，虽黄琬、文举无以加之。正光初，广宗潘崇和讲《服氏春秋》于城东昭义里，子文撮齐北面就和受道。时赵郡李才问子文曰："荀生住在何处？"子文对曰："仆住在中甘里。"才曰："何为住城南？"城南有四夷馆，才以此讥之。子文对曰："国阳胜地，子何怪也？若言川涧，伊洛峥嵘，语其旧事，灵台石经；招提之美，报德景明。当世富贵，高阳广平。四方风俗，万国千城。若论人物，有我无卿。"才无以对之。崇和曰："汝颍之士利如锥，燕赵之士钝如槌，信非虚言也。"举学皆笑焉。①

赵郡李才仅是问了一句"何为住城南"，就招致反应机敏的荀子文连珠炮似的回击，可谓才思敏捷，伶牙俐齿，所以才引出潘崇和"汝颍之士利如锥，燕赵之士钝如槌，信非虚言也"这样的感慨。但他引用的话，和王隐、裴启之语皆有出入。王隐把"幽冀之士"和"汝颍之士"对举，裴启把"燕代之士"与"汝颍之士"对举，潘崇和则是把"燕赵之士"和"汝颍之士"对举。说法不同，意思大致相近。这种比较并无优劣高下之意，只是说明以汝颍地区为代表的中原士人与燕赵士人的秉性与风格的差异。

可是，到了隋唐以后，这种比较就有了优劣高下之分。隋人侯白的

---

① 杨衒之：《洛阳伽蓝记》卷三。

《启颜录》也载有祖纳与钟雅嘲谑的故事："晋祖士言与钟雅相嘲。钟云：'我汝颍之士利如锥，卿燕代之士钝如槌。'祖曰：'以我钝槌，打尔利锥。'钟曰：'自有神锥，不可得打。'祖曰：'既有神锥，亦有神槌。'钟遂屈。"在侯白的笔下，能言善辩的钟雅，最后没有辩论过祖纳。到了房玄龄等人所撰的《晋书》，这一故事得到了淋漓尽致的演绎，当然，最终仍是钟雅理屈词穷。不过，《晋书》补充了梅陶与钟雅"数说余事"的缘由，让人明白了祖纳与钟雅为何有这样的争论。当时的情况是，时任光禄大夫的祖纳问梅陶："君乡里立月旦评，何如？"梅陶回答说："好人得到褒奖，坏事得到贬斥，月旦评是很好的办法。"但是，祖纳以为"月旦评"对当时并没有什么好处。当时王隐在座，插话说："先人之勋，累世乃著，岂但一月？若必月旦，则颜回食埃，不免贪污；盗跖引少，则为清廉。朝种暮获，善恶未定矣。"于是，梅陶和钟雅才开始讲了许劭"月旦评"的几件事情，这才引起祖纳与钟雅有关"汝颍之士"与"幽冀之士"的戏谑。但其最终的结局是钟雅"无以对"，即钟雅在这场辩论中败下阵来。作者用这种方式表明了对"汝颍之士"和"幽冀之士"的态度，也表明了对许劭"月旦评"的态度。

对于许劭"月旦评"引起的"汝颍之士"的争论，清人毛奇龄则从汝颍之士的遭际说起，认为汝颍之士遭遇汉末之世，到处漂泊流离，仍然有把个人命运交付苍天的感觉；而陶渊明虽然害怕到远处为官，但还是到了百里外的彭泽。通过这样的对比，毛奇龄对汝颍之士虽遭乱世但仍心怀天下的情怀给予了肯定。吴伟业对汝颍之士遭遇乱世，而能为国家社稷尽心竭力表示赞扬："圣朝出虎口，攀龙鳞，际风云，脱汤火，若不能出身自效，裨益万分，何以见陈许汝颍之士乎？其居心尽节如此。"吴伟业不仅赞美汝颍之士，而且把陈、许之地的士人与汝颍之士并列，实际上则是以陈、许汝颍之士，代指中原士人。到了国家遭遇

117

危难之时，能够尽心竭力扶危济难、安国定邦的，能够挺身而出为国家效力、裨益百姓的，一定是中原士人。中原居天下之中，长期是中国政治、经济、文化中心，故有逐鹿中原、定鼎中原、得中原者得天下等说法。这样一种特殊的地位，也使中原成为四方觊觎之地，成为四战之地。中原士人的这样一种担当，实际上是由中原的文化传统及特殊地位决定的。吴伟业赞扬中原士人，言之有理。

四、许劭归宿在何处

作为东汉末年中原士人的杰出代表，许劭不仅有力影响了当时的社会，而且对后世产生了非常广泛的影响。非常可惜的是，这样一位稀世杰出的人物却因汉末大乱而不得不背井离乡，颠沛流离，最终客死异乡。汉献帝兴平二年（195年），许劭病死在赴豫章途中的时候，正是汉末诸侯争雄、风云四起的时候。在这样一种时代背景下，许劭是很难归葬故里的。这就是说，客死异乡的许劭，根本没有魂归故里的可能。那么，许劭死后，何处安魂呢？

许劭是在刘繇进取豫章的途中病故的，而刘繇是在打败笮融、夺取豫章之后才病逝的。依刘繇和许劭的关系而论，在当时那种特殊的情势下，刘繇既不可能扔下许劭不管，也不可能立即给许劭举行隆重的葬礼。非常可能的是，在许劭病故之地暂时安置，待刘繇打下豫章、站稳脚跟之后，再为许劭举行葬礼。从有关文献记载来看，这种推测是成立的。

据南朝宋雷次宗《豫章记》记载，许子将墓在豫章阊门里，距离郡治四里。当初许劭因中原大乱，从遥远的中原而来，渡江之后，追随刘繇，路途而卒。其时为汉献帝兴平二年。孙吴天纪二年（278年），豫章太守吴兴人沈季，白日在太守厅堂上坐，忽然像做梦一样，看见一人身穿白色单衣，戴着黄头巾，自称是汝南平舆人许子将，请求太守为他改葬，然后就不见了。沈季询问许劭安葬在哪里，很多人都不知道地方。于是沈季就招魂安葬之，并命郡文学施遐为许劭作招魂文。吴末帝孙皓天纪年间，距离许劭去世已近百年，豫章人已经不知道许劭安葬在哪里。由此可知刘繇当初安葬许劭非常匆忙，以至于许多人根本不知道许劭的安葬地。雷次宗是南朝宋人，距许劭去世已有二百多年。他记载的许劭墓，是沈季为许劭招魂后，为许劭的魂灵寻找的一个寄居地。其墓在豫章阊门里，距离郡治四里。另据《南史》记载，南齐时，豫章太守王伦之到任之后，即去祭拜徐孺子和许子将墓。倘雷次宗所记属实，那么，王伦之祭拜的许子将墓应当是许劭的招魂冢。

许劭是汉末名士，和扬州刺史刘繇的关系绝非泛泛。即使是在征战途中，刘繇也不可能抛弃因病去世的许劭，更不至于不予安葬。既然如此，为何仅仅过了不足百年，人们在豫章竟然找不到许劭墓呢？宋人乐史《太平寰宇记》有关许劭墓的记载，可以作为一种解释："许子将墓在州南三里，县南六里。按雷次宗《豫章记》云：劭就刘繇于曲阿。刘繇败，随繇奔豫章，中路疾卒，因焚尸柩。天纪中，太守吴兴沈法秀招魂葬劭于此。"《大清一统志》所载许劭墓，采用此说。这里出现了许劭"中路疾卒，因焚尸柩"之说。倘如此说，许劭则是在奔赴豫章的途中病死，刘繇将其尸体装入灵柩之后，采取火葬的方法，把许劭的灵柩焚烧了。焚烧之后，自然是焚尸扬灰，用不着再安葬了。如此一来，自然也就没有许劭墓一说了，豫章人不知道许劭墓在哪里，也就情有可原了。

依据葬俗，江南人除渔民外，大多数都实行土葬，火葬的情况很少见。许劭是中原人，中原人更是讲究入土为安，很少有人实行火葬。那么，问题就出来了，许劭为何被火葬了呢？清人陈宏绪《江城名迹》有关许劭墓的记载则提供了一条线索。据记载，许劭墓在豫章故松阳门内。汉末大乱时，许劭随刘繇奔豫章，当时流行大瘟疫，许劭中途染病，不料一病不起。刘繇就派人用船先把许劭送到豫章，刚送到豫章，许劭就病故了，于是准备暂时安葬在松阳门内。可是，许劭的尸首却忽然不见了踪影。孙吴天纪二年，豫章太守白日在大堂处理事务的时候，恍惚之间，看见一人戴着黄头巾，穿着白衣服，自称是汝南许子将，请求加以安葬。可是，忽然之间，那人就不见了。太守询问许子将墓在何处，竟然都不知道所在。于是，太守就招其魂而安葬之。从陈宏绪的记载中可知，许劭死于流行性瘟疫。流行性瘟疫传染性很强，在中国古代的医疗条件下，对付流行性瘟疫的最好办法就是隔离，远离传染源。对于染病死者，或用石灰消毒后深埋，或者直接火葬，以消除传染源。许劭既因瘟疫而死，刘繇为避免传染更多的人，将许劭火葬，也是选择之一。不过，在陈宏绪的记载中，刘繇并没有把许劭火葬，而是在许劭病重的时候，先把许劭送到了豫章，其用意可能是豫章城内有好医生，也许可以挽救许劭的生命。但是，一到豫章，许劭就病故了，而且，就在准备安葬的时候，许劭的尸体却不见了。后来发生的故事，就与雷次宗《豫章记》的记载大同小异了。

综合前述相关记载，对许劭最后的行踪及归宿，主要有两种说法。其一是许劭在跟随刘繇攻取豫章的途中，因遭遇流行性瘟疫而病逝。刘繇顾念老友情谊，把许劭的尸体放在灵柩里，连灵柩一同焚烧了。许劭死后，焚尸扬灰，连坟墓也没有留下。最早记载许劭墓的是南朝宋雷次宗的《豫章记》，而后人所引雷次宗《豫章记》，则是各有出入。上一种说法就出自《太平寰宇记》所引。其二是许劭在跟随刘繇进攻豫章的途中病倒，刘繇关怀老友的健康，派人用船把许劭先期送到豫章，希望良医能够妙手回春，把许劭从死神手中夺回来。可惜的是，命运之神并没有眷顾许劭，许劭在到达豫章不久就病逝了。随去的人准备把许劭安葬在松阳门内，但就在准备安葬的时候，许劭的尸体不见了。由此而产生了孙吴天纪二年，豫章太守沈季为许劭招魂的故事。雷次宗《豫章记》所记阊门里许劭墓，乐史《太平寰宇记》所记州南三里、县南六里处的许劭墓,以及陈宏绪所记松阳门内许劭墓,实际上都是沈季为许劭筑的招魂冢,而不是许劭真正的墓地。

比较而言,后一种说法有较为浓厚的传奇色彩,与道教所说的人死之后的飞升就差那么半步。而相关记载都说许劭的尸体在准备安葬时突然不见了,已经埋下了这样的伏笔。许劭托梦给豫章太守沈季,让他安葬自己,而沈季却找不到许劭的坟墓,只好为他招魂,并为许劭筑了一个招魂冢,就更加让人相信许劭的死非同寻常了。这种说法虽然没有说明许劭死后飞升,但相关的叙述一直把人们朝那个方向引领。最为可能的则是第一种说法,即许劭因瘟疫病死在赴豫章的途中,刘繇把许劭装殓后,连同灵柩一同焚烧了。他这样做既是顾念与许劭的朋友之情,又害怕瘟疫流行,对他们这支远征豫章的队伍产生更大的危害。此后有关许劭墓的种种传说,都是在此基础上衍生出来的。

一生奖掖提拔了许多青年才俊的许劭,一个作为汉末清议领袖的许劭,死后不仅连一个归葬之所都没有,甚至连魂归何处都不得而知,着实令人唏嘘不已。这是许劭的悲哀,也是东汉士人的悲哀,更是他生活的那个时代的悲哀!

五、淡淡远去的印痕

汉末风云早已成为过去,汉末风云人物也早已往事如烟。但是,汉代文化作为中国传统文化中最具影响力的文化,其文化传承和文脉延续却是绵延不绝,一直对中华文化发挥着深远影响。所以,当人们蓦然回首,检视优秀传统文化中的乡贤文化时,许劭走进了人们的视野。在汉末那样一个不可思议的政治、社会、文化环境里,许劭凭借其清议领袖的身份,凭借其主持的汝南"月旦评",竟然成就了那么多的乡党,成就了那么多的士人,让那个时代及其后的漫漫历史,都记住了许劭这样一个人物。

国家不幸诗家幸。河清海晏的时代，人们或寄情山水，或为花样翻新的生活所陶醉，愿意记住或能够记住的人和事不是很多。而生活动荡、国家危难、民族危亡的时刻，总能发生许多意想不到的大事、奇事甚至是怪事，不论是否情愿，历史总会留下很多印痕，让后人时时记起。东汉末年的宦竖擅权、"党锢之祸"、处士横议、黄巾之乱作为相互联系的事件，让后人对这一时期多了几分印象，也多了一些谈论的话题。许劭作为处士横议的代表性人物，面对这样一种时局，他没有像李膺等人那样愤然而起，也没有像郭泰那样洞悉时局变化悄然隐身而去，而是以自己独特的方式顽强坚守，在汉末这一特殊的历史时期留下了独特的印痕。

书生自有不朽处。书生是知识的拥有者，是文化的传播者，是经典的阐释者，也是思想的发明者。但是，在社会历史的发展进程中，在洋洋洒洒的历史著作中，能够留下名字和事迹的，往往是帝王将相和达官显宦，而文人若想在历史上留下那么几行字，则往往要凭借其诗书文章。君不见，《左传》曾有"三不朽"之说，太上立德，其次立功，其次立言。德业、功勋和文章，是可以永垂不朽、流芳百世的。许劭是书生，可惜他并没有留下华章，他留给后人的主要是对当时士人的评价或议论，但也正是这些，确立了他在汉末清议中的不朽地位。

崇尚清谈误家国。实干兴邦，清谈误国，这是人所共知的常识。清谈是魏晋时期的一种文化现象，与魏晋玄学的流行有内在联系。但是，不少人一说起魏晋时期的清谈，马上就把它和汉末清议联系起来，有的人甚至把清议和清谈混为一谈。这实在是一种误解。清议是指公正的议论，是汉末士人出于忧国忧民的情怀，秉持公正之心，对时局和执政者作出的议论和评价，这就是范晔所说的"品核公卿，裁量执政"。假如汉末执政者能够以宽广的胸怀、正确的态度对待士人清议，从士人清议中发现有价值的意见和建议,并予以借鉴或吸收,纠正执政中出现的偏差甚至是颠覆性错误,那么,东汉王朝就不至于形成覆水难收的局面。许劭作为继郭泰之后的士人清议领袖,对执政者也有一些评价和议论,可惜的是,在当时那种社会政治环境中,很少有人能够听得进不同意见,尤其是那些大权在握的人,刚愎自用,自以为是,哪里会把书生的意见和建议当回事儿。士人清议的本意是要救国,但很不幸的是,许多士人不仅没有实现救国救民的心愿,反而因清议招致杀身之祸。在汉末"党锢之祸"和黄巾之乱中,许劭虽然幸免于难,却没有逃脱颠沛流离、客死异乡的悲剧。

蜚英冠月旦之评。元末隐士谢应芳,自号龟巢老人。他曾经把"月旦评"与《春秋》之学相提并论,有"稽古究春秋之学,蜚英冠月旦之评"的诗句。孔子作《春秋》最大的特点是不虚美、不隐恶。即使是贵为国君,如果做出背离民心或是违背基本伦理道德的事情,孔子也会用"春秋笔法"记载下来,即通过所谓的"微言大义",隐喻作者对人物的谴责之意。当然,如果宅心仁厚,爱民如子,也会在不经意间得到褒扬。谢应芳把"月旦之评"比作"春秋之学",既是对"月旦评"的高度褒扬,也寄寓了对许劭的赞美之意。所谓"蜚英",就是声名远扬的意思。由于得到"月旦评"的最高评价而声名远扬,这样的人物自然是人中之龙。谢应芳虽然是借许劭"月旦评"评价他人,但他无意中也透露出许劭主持的"月旦评"在后人心目中所具有的崇高地位。千年之后,"月旦评"仍然能够得到如此高的评价,许劭如九泉有知,纵有万般委屈,也应释然了。

许劭是东汉末年那个特殊历史时期留下的独特文化印痕。这印痕随着历史长河的持续延伸,已经变得越来越淡,越来越模糊。

但愿本书能够让人们对许劭这位汝南先贤多几分了解,多几分理解,多几分共鸣,哪怕是让那淡淡的历史印痕稍稍拉长一些……

附录

关于许劭，存世文献极少，除《三国志》《后汉书》外，可靠的文献不是很多。文献的匮乏给撰写许劭这一汉末清议领袖的生平事迹带来很大不便。好在许劭曾经品评过的人物，如陈蕃、陈寔、曹操、袁绍等人，皆有传记传世，可以聊补文献不足之缺。检索有关许劭的古代文献，真正权威的应是《后汉书》许劭本传、《三国志·魏书·和洽传》、裴松之注引《汝南先贤传》有关许劭的记载，以及《世说新语·赏誉篇》所引《汝南先贤传》和《海内先贤传》中有关许劭的文字。为帮助读者了解许劭其人，兹将《后汉书》许劭本传附于后，作为辅助材料以备阅读。

以《后汉书》为代表的有关许劭的权威文献，皆不言许劭有文章著述传世。但是，在后代文献中却见到了一些题署许劭的作品，如宋代学者洪适《隶续》载有许劭所撰《司农刘夫人碑》，其后一些碑刻文献则祖述其说，系《司农刘夫人碑》于许劭名下。当下坊间流传的《予学》，传为许劭所撰。该文总计只有八百多字，从得失、顺逆、尊卑、休戚、荣辱、成败、兴亡等七个方面，论述了"予"与"取"的关系，对人们的道德修养和为人处世有一定的借鉴意义，故而作为附录收录。其文分作七卷，但每一卷仅有百余字，显然不够一卷的分量，故改"卷一"为"第一"，其下则依次类推。

《司农刘夫人碑》在宋代就已经斑驳漫漶，许多字难以辨识。今据宋洪适《隶续》所载《司农刘夫人碑》加以整理，并将洪适原来标明的缺字用□代替。为帮助读者了解此碑文，特将洪适对碑文的介绍附于后。

许劭传

许劭字子将，汝南平舆人也。少峻名节，好人伦，多所赏识。若樊子昭、和阳士者，并显名于世。故天下言拔士者，咸称许、郭。

初为郡功曹，太守徐璆甚敬之。府中闻子将为吏，莫不改操饰行。同郡袁绍，公族豪侠，去濮阳令归，车徒甚盛，将入郡界，乃谢遣宾客，曰："吾舆服岂可使许子将见？"遂以单车归家。

劭常到颍川，多长者之游，唯不候陈寔。又陈蕃丧妻还葬，乡人毕至，而劭独不往。或问其故，劭曰："太丘道广，广则难周；仲举性峻，峻则少通。故不造也。"其多所裁量若此。

曹操微时，常卑辞厚礼，求为己目。劭鄙其人而不肯对，操乃伺隙胁劭，劭不得已，曰："君清平之奸贼，乱世之英雄。"操大悦而去。

劭从祖敬，敬子训，训子相，并为三公，相以能谄事宦官，故自致台司封侯，数遣请劭。劭恶其薄行，终不候之。

劭邑人李逵，壮直有高气，劭初善之，而后为隙，又与从兄靖不睦，时议以此少之。初，劭与靖俱有高名，好共核论乡党人物，每月辄更其品题，故汝南俗有"月旦评"焉。

司空杨彪辟，举方正、敦朴，征，皆不就。或劝劭仕，对曰："方今小人道长，王室将乱，吾欲避地淮海，以全老幼。"乃南到广陵。徐州刺史陶谦礼之甚厚。劭不自安，告其徒曰："陶恭祖外慕声名，内非真正。待吾虽厚，其势必薄，不如去之。"遂复投扬州刺史刘繇于曲阿。其后陶谦果捕诸寓士。及孙策平吴，劭与繇南奔豫章而卒，时年四十六。

兄虔亦知名，汝南人称平舆渊有二龙焉。(《后汉书》卷六十八)

予　学

得失第一

大失莫逾亡也，身存则无失焉。大得莫及生也，害命则无得焉。得失之患，启于不舍。不予之心，兴于愚念。人皆有图也，先予后取，顺人之愿，智者之智耳。强者不予，得而复失。弱者不予，失之难测。予非失，乃存也。得勿喜，失或幸，功不论此也。夺招怨，予生敬，名成于此矣。

顺逆第二

患死者痴，患生者智。安顺者庸，安逆者泰。多予不亡，少施必殃。惠人惠己，天不佑凶也。顺由予生，逆自虐起。君子不责小过，哀人失德焉。小人不纳大言，恨己无势焉。君子逆而不危，小人顺而弗远。福祸不侵，心静可也。苦乐不怨，非悟莫及矣。

尊卑第三

尊者人予也，失之则卑。卑者自强也，恃之则尊。以金市爵，得而不祥。以势迫人，威而有虞。金不可滥，权不可纵，极则易也。贫者勿轻，其忠贵也。贱者莫弃，其义厚也。忠予明主，义施君子，必有报焉。誉非予莫取，取之非誉也。功不争乃获，获之则功也。

休戚第四

物有异也，理自通焉。命有别也，情自同焉。悦可悦人，哀可哀人，休戚堪予也。福不可继，祸不可养，福祸莫受也。不省之人，事无功耳。同欢者寡，贵而远离也。共难者众，卑而无间也。苦乐由人，非苦乐也。至乐乃予，生之崇焉。至苦乃亏，死之惶焉。

荣辱第五

人强不辱，气傲无荣。荣辱莫改，其人惟贤。予人荣者，自荣也。

予人辱者，自辱也。君子不长衰，小人无久运，道之故也。饥以食，莫逾困以怜。寒以暖，无及厄以诚。予人至缺，其可立也。荣极则辱，惟德可存焉。辱极则荣，惟善勿失焉。

成败第六

成无定式，利己利人乃成焉。败有定法，害人害己乃败焉。君子之名，胜于小人之实。小人之祸，烈于君子之难。观其人也，可知成败矣。敌者，予之可制也。友者，予之可久也。亲者，予之可安也。功高未可言胜，功不为胜也。人愚未可言败，愚不为败矣。

兴亡第七

无不亡之身，存不灭之理。春秋易逝，宏业可留。薄敛则民富，兴焉。政苛则民怨，亡焉。人主兴亡，非为天也。君子兴家，不用奇计。小人败业，坏于奸谋。正不予贿，邪不予济，察之无误也。天降之喜，莫径取焉。不测之灾，勿相欺焉。

司农刘夫人碑

司农夫人，祖自会稽山阴，姓刘氏。伊述夫人，受持贞刚。体性纯淑，非礼不行。□仁□□，□□哲怆。□□□沈，九族穆□。□□不争，孙息盈房。导男以□，笃□□□。□□□□，□□□□。容德配古，列任似为。□□□□，□□□□。宫□复金，□□□□。□□□□，□□甘香。车骑阵□，□□□□。□□公严，奉□□□。□□□□，侯相□迎。医极攸远，索□□□。□□□□，□□□□。□□□□，幽藏咨嗟。酷□□□。□□□□，□□□□。□□德□，画图像甄。采其□□，□□□□。□乡人□，□□□□，□□不忘。

右司农夫人碑，汉太尉许馘之室也。首行有标题之文，石已刓剥，所存数十百字，其漫漶者强半，惟次行独全。故知其姓刘氏，而为山阴之人。其辞惟数句可读，如云"体性纯淑，非礼不行"及"孙息盈房"而已。其云"德配古列任似"者，以姒为似也。字画多杂篆体，所书"以"字，全类《孔宙碑》。其它（他）偏旁，多与《故民吴公碑》中山相薛君题额相类。应劭《汉官仪》所载三公，孝灵时有吴郡阳羡、许馘、季轶、范纪。光和四年，馘以卫尉代刘宽为太尉。今许氏两墓皆在宜兴，而此碑犹在夫人冢旁。吴处厚《青箱杂记》云义兴有许馘庙，其碑许劭所作。唐开元诸孙重刻，碑阴有八字，云"谈马砺毕王田数七"，徐延休读之曰："谈马，即言午，言午許（许）字。砺毕，必石卑，石卑碑字。王田乃千里，千里重字。数七是六一，六一是立字。"今其残碑才有数十字，其间载许君自司农迁卫尉，此又称刘氏为司农夫人，则铭墓时，许犹未为卫尉也。其碑在光和之前无疑。建康王厚之云："其友阳羡、邵伟尝泛舟过许氏丛冢，见水滨一石，举而察之，则许君残碑也。邵遂载以归。"厚之字顺伯，乐古多闻。山阴石台卿亦佳士，搜奇抉怪，埤助此书为多。（洪适《隶续》卷二）

参考文献

[1]司马迁.史记[M].北京：中华书局，1959.

[2]班固.汉书[M].北京：中华书局，1962.

[3]范晔.后汉书[M].北京：中华书局，1965.

[4]袁宏.后汉纪[M].文渊阁四库全书本.

[5]郝经.续后汉书[M].文渊阁四库全书本.

[6]陈寿.三国志[M].北京：中华书局，1962.

[7]杭世骏.三国志补注[M].北京：商务印书馆，1937.

[8]房玄龄，等.晋书[M].北京：中华书局，1996.

[9]汤球.九家旧晋书辑本[M].杨朝明，校补.郑州：中州古籍出版社，1991.

[10]李延寿.南史[M].北京：中华书局，1975.

[11]刘义庆.世说新语[M].刘孝，标注.文渊阁四库全书本.

[12]浦起龙.史通通释[M].上海：上海古籍出版社，2009.

[13]杜佑.通典[M].文渊阁四库全书本.

[14]郑樵.通志[M].北京：中华书局，1987.

[15]司马光.资治通鉴[M].北京：中华书局，1956.

[16]李昉，等.太平御览[M].北京：中华书局，1998.

[17]李昉，等.太平广记[M].北京：中华书局，1961.

[18]乐史.太平寰宇记[M].北京：中华书局，2007.

[19]马端临.文献通考[M].北京：中华书局，1986.

[20]浙江书局.二十二子[M].上海：上海古籍出版社，1986.

[21]周斐.汝南先贤传[M].吕友仁，辑注.郑州：中州古籍出版社，2015.

[22]万绳楠.陈寅恪魏晋南北朝史讲演录[M].贵阳：贵州人民出版社，2007.

[23]罗宗强.玄学与魏晋士人心态[M].天津：天津教育出版社，2006.

[24]朱绍侯.试论汝南许氏望族的形成:兼论许劭月旦评[J].河南科技大学学报(民办教育研究专号),2000(1).

[25]朱子彦.汉魏之际月旦评的兴与衰[N].新民晚报,2015-5-17.

[26]王煜焜.后汉"党锢之祸"起因新探[J].唐都学刊,2013(1).

[27]秦蓁.溯源与追忆:东汉党锢新论[J].史林,2008(3).

[28]边家珍.汉末党祸与经学教育[J].河北学刊,2007(3).

[29]肖黎.论东汉党锢之祸[J].湘潭大学社会科学学报,1982(4).

[30]刘康德.论东汉魏晋名士的清议与清谈[J].探索与争鸣,1990(6).